人口与发展系列丛书

Series on Population and Development

贺　丹　主编

中国人口与发展状况（2019 年）

Population and Development in China（2019）

张本波　唐　昆　王志成　著

中国人口出版社
China Population Publishing House
全国百佳出版单位

图书在版编目（CIP）数据

中国人口与发展状况．2019 年/张本波，唐昆，王志成著．-- 北京：中国人口出版社，2021.11
（人口与发展系列丛书/贺丹主编）
ISBN 978-7-5101-8091-0

Ⅰ.①中… Ⅱ.①张… ②唐… ③王… Ⅲ.①人口-研究报告-中国-2019 Ⅳ.①C924.24

中国版本图书馆 CIP 数据核字(2021)第 221890 号

中国人口与发展状况（2019 年）

ZHONGGUO RENKOU YU FAZHAN ZHUANGKUANG（2019NIAN）

张本波　唐　昆　王志成　著

责任编辑　杨秋奎
美术编辑　刘海刚
责任印制　林　鑫　任伟英
出版发行　中国人口出版社
印　　刷　北京柏力行彩印有限公司
开　　本　710 毫米×1000 毫米　1/16
印　　张　11
字　　数　198 千字
版　　次　2021 年 11 月第 1 版
印　　次　2021 年 11 月第 1 次印刷
书　　号　ISBN 978-7-5101-8091-0
定　　价　85.00 元

电子信箱　rkcbs@126.com
总编室电话　（010）83519392
发行部电话　（010）83510481
传　　真　（010）83538190
地　　址　北京市西城区广安门南街 80 号中加大厦
邮政编码　100054

前 言

改革开放以来，中国社会经济发展取得了巨大进步。2010 年，中国国内生产总值达到 410 354 亿元，成为世界第二大经济体，到 2018 年进一步增长到 915 243 亿元。与此同时，中国的人均国民总收入也由 2010 年的 4 340 美元增长到 2018 年的 9 540 美元，高于中等偏上收入国家的平均水平。伴随这一经济增长进程的是人民生活状况的大幅提高和改善。一是贫困人口大幅度减少。按照 2010 年中国农村贫困标准，中国约有 16 567 万人生活在贫困线之下，贫困发生率约为 17. 2%；到 2018 年，贫困人口减少到 1 660 万人，贫困发生率下降到 1. 7%；2020 年，现行贫困标准下的农村贫困人口已实现脱贫[①]。二是在总体贫困率大幅降低的背景下，中国以出生时预期寿命和孕产妇死亡率为代表的健康指标显著向好。2018 年，中国的人均预期寿命已经由 2000 年的 71. 4 岁增长到 77. 0 岁，孕产妇死亡率从 2000 年的 53. 0/100 000 下降到 18. 3/100 000。

2019 年是中国实施《国际人口与发展会议行动纲领》25 周年，是中国政府“十三五”规划实施的第四年和“十四五”规划酝酿之年，也是联合国人口基金与中国合作第八周期（2016—2020 年）的第四年以及开始规划未来第九周期（2021—2025 年）合作方案的重要时间节点。站在这样的时间节点上，以未来 5 年为时间跨度，中国在人口与发展领域将面临哪些挑战，这些挑战又将如何影响数以百万计的人口，尤其是那些最弱势的群体，都应该成为“十四五”规划和联合国人口基金与中国合作第九周期的优先议题，也应是中国人口与发展研究中心发挥智库作用的关切问题。这就是中国人口与发展研究中心和联合国人口基金驻华代表处共同开展这一研究的初衷。

---

① 国家现行扶贫标准：家庭年人均纯收入低于 2010 年不变价 2 500 元。

过去几十年，中国把人口与发展纳入国家的可持续发展框架，以开发人口红利为抓手，辅以减贫、卫生与健康（尤其是生殖健康与生殖权利）、性别平等、教育、就业、数据支持决策等多方面政策，取得了一系列的经验，为中国持续的社会经济发展提供了支撑。虽然中国有特殊的国情、体制、文化等，但中国经验对于其他发展中国家具有重要的借鉴意义。联合国人口基金是人口与发展领域南南合作和三方合作的积极推动者，中国人口与发展研究中心承担了人口与发展南南合作卓越中心的工作，两个机构共同关注人口与发展领域的南南合作。本研究不仅提出了未来中国人口与发展领域研究的重点，还提出了加强国际机构与国内相关机构的合作、推动南南合作的建议。

本书由国家发展和改革委员会社会发展研究所张本波研究员，清华大学万科卫生与健康学院唐昆副教授、王志成博士执笔完成，感谢清华大学万科卫生与健康学院曹文振、王威、刘睿洁、梁韵、朱文媛、石效对写作的帮助，感谢联合国人口基金驻华代表处项目官员贾国平，中国人口与发展研究中心刘鸿雁、汤梦君、蔚志新、王笑非对书稿的修改。

贺丹
中国人口与发展研究中心
2020 年 1 月

Foreword

During the past 40 years of reform and opening up, China has made much progress in the social and economic development. In 2010, China's GDP had reached 41 035.4 billion yuan (yuan RMB), becoming the second largest economy in the world. By 2018, China's GDP has further increased to 91 524.3 billion yuan (yuan RMB). In the meantime, China's GNI per capita has also increased from 4 340 dollars (US dollars) in 2010 to 9 540 dollars (US dollars) in 2018, which is higher than the average level of upper middle-income countries. With this economic growth, people's living conditions have been greatly improved and become much better. First, the number of poor people has been greatly reduced. According to China's rural poverty standard in 2010, about 165.67 million people lived below the poverty line, with the poverty incidence rate of about 17.2%. By 2018, the number of poor people has been reduced to 16.6 million, and the poverty incidence rate would be reduced to 1.7%. It is expected that by 2020, the rural poor population under the current poverty standard will be lifted out of poverty.① Second, in the context of a significant reduction in the overall poverty rate, China's health indicators, such as life expectancy at birth and maternal mortality rate, have greatly improved. In 2018, China's per capita life expectancy at birth has increased from 71.4 in 2000 to 77.0 years old, and the maternal mortality rate has decreased from 53.0 / 100 000 in 2000 to 18.3/100 000.

2019 is the 25th year, which China has implemented the International

① Based on the poverty standard in 2010: the family annual per capita net income is lower than 2 500 yuan.

Conference on Population and Development, and the fourth year of the implementing, *the 13th Five – Year Plan of The Chinese Government*, and the year of preparation of *the 14th Five – Year Plan of The Chinese Government*, as well as the *forth year of ninth cycle* (2016 – 2020) of Cooperation between the United Nations Population Fund and China. This is an important time period for planning the ninth cycle (2021 – 2025) of cooperation in the future. What challenges does China face in the field of population and development, while standing at such a time and taking the next five years as the time span? How do these challenges affect millions of people, especially the most vulnerable? All of these should be the priority concerns of *the 14th Five – Year Plan of the country* and the ninth cycle of cooperation between UNFPA and China, as well as the concerns of China Population and Development Research Center to play the role of thinking tank. This is the original motive and desire, which China Population and Development Research Center and UNFPA representative office in China jointly carry out this research.

In the past few decades, China has incorporated population and development into its national framework for the sustainable development. By using the benefits of the demographic dividend, China has gained a series of experiences in such a framework, which is supported by poverty reduction, hygiene and health (especially reproductive health and reproductive rights), gender equality, education, employment, data support decision – making and other complementary support systems. These series of experiences will provide China to support the sustainable social and economic development. Although China has the special national conditions, system, culture, etc., China's experience has the great referential values, and important significance to other developing countries. The United Nations Population Fund is an active promoter between the tripartite cooperation and the South – South cooperation in the field of population and development. The China Population and Development Research Center has undertaken the work of the Population and

Development South-South Cooperation Center of Excellence (PDSSC) in Population and Development. The two institutions are jointly committed to South – South Cooperation in the field of population and development. This study provides the future important researching fields concerning on the population and development in China, and also the suggestions on the strengthening cooperation between international institutions and relevant domestic institutions, as well as promoting South – South Cooperation.

We wish to express sincere gratitude to research fellow Zhang Benbo from Social Development Institute of NDRC, associate professor Tang Kun and Dr. Wang Zhicheng from Tsinghua University, who have written the main content of this book. We would like to thank Cao Wenzhen, Wang Wei, Liu Ruijie, Liangyun, Zhu Wenyuan and Shi Xiao from Vanke Public Health School of Tsinghua University, Jia Guoping from UNFPA in representative office China, Liu Hongyan, Tang Mengjun, Wei Zhixin and Wang Xiaofei from Population and Development Strategy Team also have contribution to this book.

Ms. He Dan
CPDRC
January 2020

目　录

Contents

第1章 中国社会经济和政治概况

中国政府高度重视落实《2030年可持续发展议程》，将落实《2030年可持续发展议程》同执行《中华人民共和国国民经济和社会发展第十三个五年规划纲要》等中长期发展战略有机结合。2016年9月，中国政府出台《中国落实2030年可持续发展议程国别方案》，秉持创新、协调、绿色、开放、共享发展理念，从战略对接、制度保障、社会动员、资源投入、风险防控、国际合作、监督评估等方面入手，大力推进经济建设、政治建设、文化建设、社会建设、生态文明建设，全面开展《2030年可持续发展议程》落实工作。为此，中国政府提出了2020年消灭绝对贫困、全面建成小康社会，以及到2035年基本实现社会主义现代化、2050年建成社会主义现代化强国的长远奋斗目标。2019年中国已经进入中上收入国家行列，如果保持当前的增长势头，预计到2025年前后将迈进高收入国家行列。随着中国经济进入“新常态”，保持经济持续、稳定、健康增长仍有不小压力，在脱贫攻坚、改善民生、解决城乡和区域发展不平衡、补齐生态环境短板等方面有大量工作要做，能否顺利跨过中等收入陷阱，依然面临一系列重大挑战。

（1）经济规模不断扩大。2010年国内生产总值（GDP）达到41.04万亿元，成为世界第二大经济体，占世界经济的比重约为9.15%；到2018年进一步增长到91.52万亿元，约占世界经济的15.86%（见图1-1）①。

（2）人均国民总收入大幅度增长。2010年，中国人均国民总收入（GNI）达到4 340美元（世界银行：按图表集法衡量的人均国民总收

① 数据来源：世界银行。

图 1－1　2010—2018 年中国 GDP 及占世界比重

数据来源：世界银行数据库。

人，现价美元），实现了由中下收入水平到中上收入水平的重大跨越①。2018 年，中国人均国民总收入进一步提高到 9 540 美元，不仅高于中等收入国家平均水平，而且高于中等偏上收入国家平均水平（见图 1－2）。据国家统计局的资料，居民人均可支配收入和人均消费支出保持稳定增长，食品支出占消费支出的比重稳步下降，总体恩格尔系数在 2017 年降到 30% 以下，到 2018 年进一步下降到 28.4%，居民生活质量不断提高。

（3）贫困人口大幅度减少。按照世界银行人均 1.9 美元（2011 年购买力平价）的标准，2011 年中国极度贫困人口约 1.06 亿人，占总人口的 7.9%。随着扶贫攻坚战略的实施，中国贫困人口规模快速下降。按照 2010 年中国农村贫困标准，中国当年约有 16 567 万人生活在贫困线之下，贫困发生率约为 17.2%；2018 年，贫困人口减少到 1 660 万人，贫困发生率下降到 1.7%（见图1－3）。中国的极度贫困人口主要集中在农村地区，但这并不意味着城市没有贫困现象。2018 年，全国

① 据世界银行 2015 年的标准，人均国民总收入在 12 736 美元及以上的为高收入国家，4 126 美元至 12 735 美元的为中等偏上收入国家，1 046 美元至 4 125 美元的为中等偏下收入国家，1 045 美元及以下的为低收入国家。

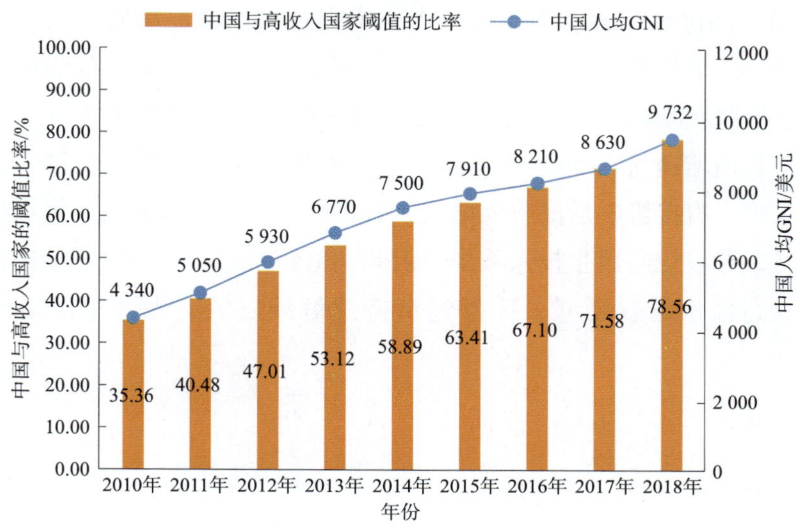

图 1－2　2010—2018 年中国人均 GNI

数据来源：世界银行数据库。

有农村低保对象 1 901.7 万户 3 519.1 万人，其家庭人均年收入低于 4 833.4元；与此同时，城市地区低保对象有 605.1 万户 1 007.0 万人，其家庭人均月收入低于 579.7 元。

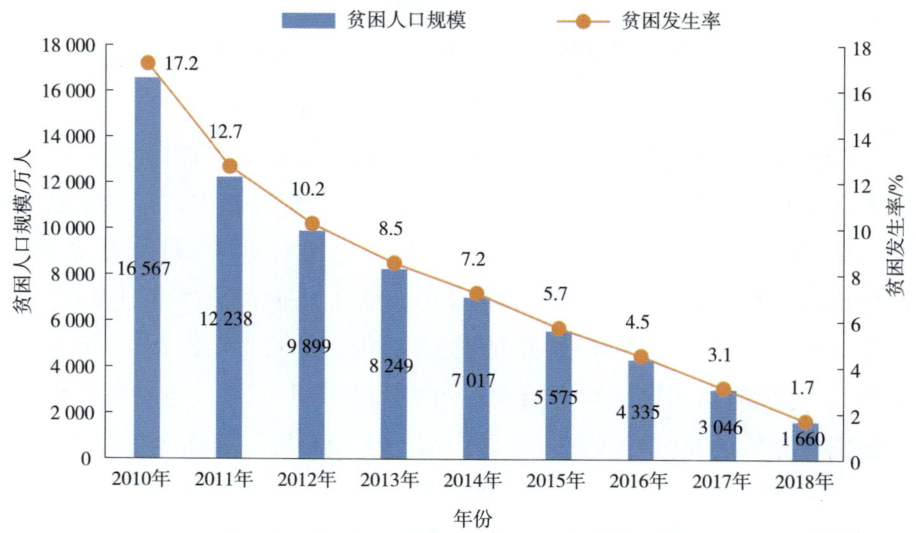

图 1－3　2010—2018 年中国贫困人口规模和贫困发生率

数据来源：国家统计局。

（4）国民生产总值增速存在进一步下行的风险，高质量发展面临较大压力。近年来，中国国民生产总值从过去年均10%左右的高速增长逐步下降到6%左右的中低速增长（见图1－4）。预计未来5年，国民生产总值增速将在5%～7%波动。经济增长速度放缓可能带来潜在失业风险，直接影响居民收入增长；财政收入也可能随着经济发展减速而下降，导致社会民生投入减少。因此，迫切需要深化供给侧结构性改革，提高经济增长质量，确保经济持续健康发展，为民生发展奠定基础。

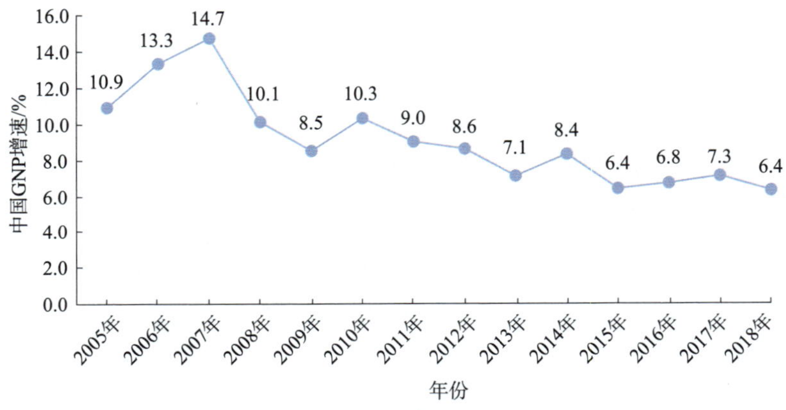

图1－4　2005—2018年中国国民生产总值增速

数据来源：国家统计局。

（5）生态保护和污染防治任务仍然繁重，绿色发展面临较大压力。随着工业化、城镇化深入发展和全球气候变化影响加大，中国洪涝灾害、干旱缺水、水污染、水土流失等问题突出，水资源管理和可持续利用仍面临严峻局面。城市工业园废水排放逐步减少，2015年比2011年下降2.8%；而生活废水排放量持续增加，2015年比2011年上升4.9%。传统能源如煤炭产能结构性过剩问题突出，煤炭消费依然约占能源消费总量的60%（见图1－5），可再生能源发展面临多重瓶颈。

（6）发展不平衡、不充分问题更加凸显，共享发展面临较大压力。区域发展不平衡、城乡发展不平衡，中西部地区经济和社会发展水平与东部地区还有不小的差距，城乡之间在收入、医疗、教育、就业、卫生、基础设施等方面仍存在较明显差距。人口流动依然存在制度性制约，对弱势群体的支持体系仍不完善。性别平等依然任重道远。

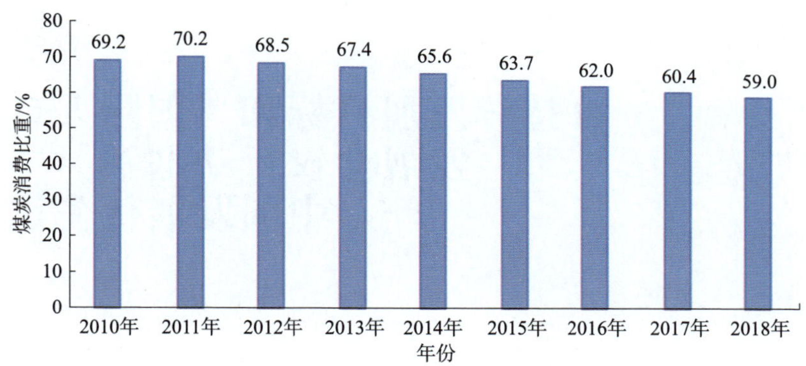

图 1-5　2010—2018 年煤炭消费占能源消费总量的比重

数据来源：国家统计局。

可持续发展目标和《国际人口与发展会议行动纲领》中的中国发展优先议题

在人口与发展方面，中国政府签署了一系列国际发展条约和框架协议，引入了国际先进理念，如《国际人权条约》《联合国千年宣言》《2030年可持续发展议程》《国际人口与发展会议行动纲领》《消除对妇女一切形式歧视公约》；同时将人口纳入国家宏观发展规划、战略中，包括《国家人口发展规划（2016—2030年）》《“健康中国2030”规划纲要》《中华人民共和国国民经济和社会发展第十三个五年规划纲要》《中长期青年发展规划（2016—2025年）》。在2015年9月，联合国可持续发展峰会上通过了《2030年可持续发展议程》，这一议程包括17个可持续发展目标（SDGs），强调了减少各种形式的贫困，促进全球人口的福祉；减少国家间和国家内部社会发展（包括健康）方面的不平等现象，最终确保在发展中“不让一个人掉队”。要明确中国人口与发展的优先事项，不仅要关注中国的发展规划、政策和战略，还要关注中国履行各种国际条约和发展议程框架的进展，不仅要看到发展进程中出现的不平等和不均衡问题，还要认识到新出现的问题。

2.1 发展公平问题

（1）减轻贫困的重点正在转向消除相对贫困。2012年以来，中国累计减少农村贫困人口8 239万人，年均减少1 373万人，累计减少83.2%；农村贫困人口比例从2012年年底的10.2%下降到2018年年底的1.7%。10个省（自治区、直辖市）将贫困人口比例降低到1%以下。2020 年，中国已实现“现行标准下农村贫困人口实现脱贫、贫困县全部摘帽、解决区域性整体贫困”的目标任务。然而，中国仍然面临着严重的相对贫困问题，这也反映在指导文件《国家人口发展规划（2016—2030 年）》中，“根据经济社会发展水平，完善贫困标准动态调整机制。适应可持续发展新阶段新要求，完善贫困人口精准识别、精准扶持和精准脱贫的长效机制。探索建立符合国情的贫困人口治理体系，推动扶贫开发由主要解决绝对贫困向缓解相对贫困转变，由主要解决农村贫困向统筹解决城乡贫困转变，实现全体人民共同迈入全面小康社会、共同迈向现代化”。为此，2020 年以后，要着眼于经济的持续、健康增长，积极推进供给侧结构性改革，实施创新驱动的发展战略，为实施《2030 年可持续发展议程》提供经济支持。此外，要更加重视共同发展，努力创造更多有回报的高质量工作，加快收入分配制度改革，缩小收入差距，使全民平等受益。

（2）中国已大大降低了总体贫困率、孕产妇死亡率、与艾滋病相关的死亡率，未满足的计划生育需求处于较低水平。例如，中国的孕产妇死亡率从 2000 年的 53. 0/100 000 活产下降到 2018 年的 18. 3/100 000 活产①。然而，中国不同地区和人群之间的发展差距仍然不容忽视。社会发展中的这些不平等现象反映在多个方面，包括城乡、性别、年龄、居住地、残疾状况和社会经济状况。在这种背景下，如何保障相对弱势群体的性与生殖健康权利仍然是中国面临的挑战。

（3）满足公共服务的多样性需求。基本公共服务制度作为公共产品向全民提供，是中国推进社会建设的重点任务。《国家基本公共服务体系“十二五”规划》提出了建立完善基本公共服务体系的目标，初步明确了基本公共服务的范围，并在基本公共教育、劳动就业服务、社会保险、基本社会服务、基本医疗卫生、人口和计划生育、基本住房保障、公共文化体育及残疾人基本公共服务等领域，确定了 44 类 80 个基本公共服务清单和国家标准。《“十三五”推进基本公共服务均等化规

① 周远洋，朱军，王艳萍，等. 1996—2010 年全国孕产妇死亡率变化趋势［J］. 中华预防医学杂志，2011，45（10）：934－939.

划》进一步提出："到2020年，在学有所教、劳有所得、病有所医、老有所养、住有所居等方面持续取得新进展，基本公共服务均等化总体实现。"在下一个五年，公共服务建设的重点将是进一步完善公共服务供给体系、补齐基本公共服务短板、补强非基本公共服务弱项①、提高公共服务质量、满足城乡居民不断丰富的服务需求。

（4）公共服务的均等化依然是中国面临的挑战。包括生殖健康在内的公共服务在城乡和不同人群中的供给和利用存在差异，造成了城乡和不同人群之间的性与生殖健康的结果差异。因此，政府在积极推进以人为中心的新型城镇化过程中，需要通过城市群、中小城市和小城镇建设优化城市布局，实现城乡统筹发展和公共资源在城乡间均衡配置，缩小城乡发展差距和居民生活水平差距。

（5）实现性别平等仍然任重道远。中国政府把男女平等作为一项基本国策，写入《中国妇女发展纲要（2011—2020年）》《中华人民共和国妇女权益保障法》，同时将妇女发展目标纳入国民经济和社会发展规划，国家"十二五"和"十三五"规划纲要设专门章节，对促进妇女全面发展和关爱未成年人健康成长做出规划部署；《国家人权行动计划（2016—2020年）》《中国反对拐卖人口行动计划（2013—2020年）》等明确提出保障妇女权益的目标任务，《中华人民共和国反家庭暴力法》进一步为促进平等、和睦的家庭关系提供了法律保障。但性别平等意识在中国尚未完全普及，重男轻女的传统观念仍是影响妇女儿童地位和权利保护的重要因素；出生人口性别比长期失衡的影响逐步显现，城乡间、区域间妇女儿童发展水平不均衡，贫困地区妇女儿童保护和服务资源相对匮乏，留守人口、流动人口中妇女儿童卫生保健、教育培训、法律保护等保障和服务有待完善；女性参与决策与管理整体占比仍需提升。促进

---

① 公共服务是指满足社会公众需要的服务与产品的总和，包括基本公共服务和非基本公共服务。基本公共服务的供给主体主要是政府，强调服务均等化、普惠化和便捷化，《"十三五"推进基本公共服务均等化规划》中，确定了公共教育、劳动就业创业、社会保险、医疗卫生、社会服务、住房保障、公共文化体育、残疾人服务等8大领域的基本公共服务清单。非基本公共服务的供给则需要市场和社会组织等各种社会力量的广泛参与，强调服务的市场化、多元化和优质化。2019年政府工作报告中明确提出，要"支持社会力量增加非基本公共服务供给，满足群众多层次、多样化需求"。

性别平等和男女和谐发展仍是中国面临的长期挑战。

（6）青年的性与生殖健康方面既有未解决的老问题，也有新出现的问题。教育、卫生和就业等公共服务分配不公平。公共服务分配对青年发展至关重要①。以卫生专业人员为例：在城市中，执业（助理）医生的人数是3.97/千人，农村地区则是1.68/千人；城镇注册护士人数为5.01/千人，农村地区则为1.62/千人。资源分配不均会导致年轻人发展机会的不平等，导致社会不平等现象不断蔓延②。

2.2　新出现的问题

（1）孕产妇保健。根据2006年以来的全国生育力调查，2016年与2006年和2011年相比，年龄在25岁以上的女性的年龄别生育率呈上升趋势，35岁以上高龄产妇明显增多，提示高龄孕产妇的分娩并发症风险更高③。因此，高龄孕产妇比例的增加将对现有的母婴保健服务系统提出新的挑战，并可能减慢孕产妇死亡率的进一步降低。

（2）不孕问题。一项覆盖中国8个省份的18 571对育龄夫妇的调查显示，不孕症发生率为15.5%；在调查10 742对希望怀孕的夫妇中，不孕症发生率甚至高达25.0%④。辅助生殖技术的发展可能有助于解决一些夫妇面临的不孕问题。

（3）性教育问题。中国青年人对婚前性行为的态度日益开放，而他们对性与生殖健康服务的需求一直无法满足。因此，青年性与生殖健康受到了越来越多的关注。《中长期青年发展规划（2016—2025年）》

---

① Zhang Dandan, Li Xin, Xue Jinjun. Education inequality between rural and urban areas of the People's Republic of China, migrants' children education, and some implications [J]. *Asian Development Review*, 2015, 32(1): 196-224.

② Golley J, Kong S T. Inequality in intergenerational mobility of education in China [J]. *China & World Economy*, 2013, 21(2): 15-37.

③ 贺丹，张许颖，庄亚儿，等. 2006—2016年中国生育状况报告——基于2017年全国生育状况抽样调查数据分析［J］. 人口研究，2018，42（6）：35-45.

④ Zhou Z, Zheng D, Wu H, et al. Epidemiology of infertility in China: a population-based study [J]. *BJOG: An International Journal of Obstetrics & Gynaecology*, 2018, 125(4): 432-441.

《"健康中国2030"规划纲要》都明确将青年性与生殖健康列为优先事项。尽管中国部分城市地区的性教育项目开展得很不错，但覆盖面仍然不足。例如，2009年一项青年性与生殖健康调查显示，只有不到40%的受访青年曾经参加过性教育课程或讲座①。年轻人中意外怀孕、性传播疾病和艾滋病新发病例的数量正在增加。根据中国疾病预防控制中心的数据，中国大学生中新感染艾滋病病毒的人数以每年30%～50%的速度增长②。部分原因是在校期间没有获得足够的性教育。

（4）互联网对青年发展的影响。除宏观政策和人口结构的变化外，新兴技术对青年发展也产生了巨大影响。越来越多的年轻人经常使用移动互联网，一方面，丰富了他们的生活，使人们之间的沟通更加快捷和频繁；另一方面，某些面向年轻人的软件、互联网平台可能产生负面影响。

（5）收集和利用细分的人口数据。没有良好的数据来监测相关政策的执行情况，就难以追踪国家在实现可持续发展目标方面的进展。尽管中国在监测性与生殖健康方面做了大量工作，但仍然无法在不同行政级别提供不同人群的细分数据，也无法用数据来捕捉多维不平等和脆弱性。许多研究只能提供国家级的估算数，而不能提供更低行政层级的细分数据③。收集和监测细分数据是国际和国内制订发展计划的普遍要求。监测青年人生殖健康权保护和包容性发展需要密切监测各个社会群体之间的差异。中国的国家统计系统目前还没有建立收集不同人群细分数据的机制，因此收集细分数据还不可能立刻实现。

---

① 郑晓瑛，陈功，韩优莉，等. 中国青少年生殖健康可及性调查基础数据报告［J］. 人口与发展，2010，16（3）：2－16.

② Li G Q，Jiang Y，Zhang L. HIV upsurge in China's students［J］. *Science*，2019，364：711.

③ 郑晓瑛，陈功，韩优莉，等. 中国青少年生殖健康可及性调查基础数据报告［J］. 人口与发展，2010，16（3）：2－16.

第3章 人口与发展

中国始终关心和强调人口、经济、社会、资源、环境相协调的可持续发展，并将实现国际人口与发展大会、千年首脑会议的发展目标和《2030年可持续发展议程》的努力有机地融合到各级、各类发展战略、规划和宏观政策中。人口再生产类型实现了历史性的转变，有效缓解了资源环境的压力，促进了经济发展、社会进步和民生改善。

3.1 中国人口与发展现状

（1）生育率处于较低水平，并呈现持续下行趋势。1990年前后，中国基本完成了向低出生率、低死亡率、低自然增长率的人口转变过程，总和生育率下降到更替水平2.1以下。2010年，中国人口出生率进一步下降到11.90‰，死亡率为7.11‰，人口自然增长率为4.79‰，总和生育率降至1.6左右，已经进入低生育率国家行列。此后，中国生育率水平出现进一步下降趋势，虽然在此期间先后实施了单独两孩政策和全面两孩政策，但生育率的回升并不显著，当前中国妇女总和生育率为1.5~1.6（见图3-1）。初步预测，中国人口将在2031年前后达到峰值，此后转为持续的负增长。

（2）中国已经成为典型的老龄化社会，老年人口比重持续上升。2000年，中国65岁及以上老年人口比重达到7.0%，标志着初步迈入国际公认的老龄化社会；2010年和2018年，这一比重分别上升到8.9%和11.9%，已经属于典型的老龄化社会。2020年第七次人口普查数据显示，65岁及以上人口占比达到13.5%。未来很长一段时间老年人口比重仍将持续增长，预计到2050年将达到26.1%（见表3-1）。

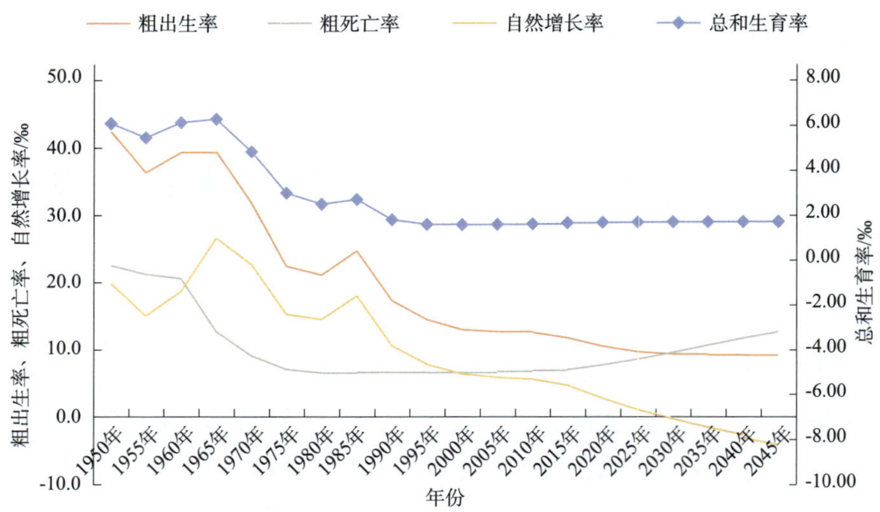

图 3－1　1950—2045 年人口粗出生率、粗死亡率、自然增长率和总和生育率

数据来源：联合国《世界人口展望 2019》。

表 3－1　中国部分年份人口年龄结构

年份	0～14 岁人口比重/%	65 岁及以上人口比重/%	老少比/%	年龄中位数/岁
1953 年	36. 3	4. 4	12. 1	22. 7
1964 年	40. 7	3. 6	8. 8	20. 2
1982 年	33. 6	4. 9	14. 6	22. 9
1990 年	27. 7	5. 6	20. 2	25. 3
2000 年	22. 9	7. 0	30. 6	30. 8
2010 年	16. 6	8. 9	53. 6	35. 2
2015 年	16. 5	10. 5	63. 6	36. 8
2020 年	17. 95	13. 5	75. 2	38. 8
2025 年	16. 9	14. 0	82. 9	40. 2
2030 年	15. 8	16. 9	107. 0	42. 6
2035 年	14. 8	20. 7	140. 1	45. 0
2040 年	14. 3	23. 7	166. 2	46. 3
2045 年	14. 2	24. 9	175. 8	47. 2
2050 年	14. 1	26. 1	184. 3	47. 6

数据来源：1953—2020 年数据来自国家统计局；2025—2050 年数据来自联合国《世界人口展望 2019》。

（3）城镇化水平持续提高，人口流动持续活跃。1995—2010 年是中国城镇化发展最快的时期，城镇人口比重由 29. 04% 提高到 49. 95%，年均提高 1. 4 个百分点；2011—2018 年，城镇化速度有所趋缓，但年均增长依然达到 1. 2 个百分点，到 2018 年年底城镇人口比重达到 61. 50%。中国城镇化快速发展趋势仍将持续，预计到 2030 年城镇人口比重将达到 72% 左右，此后将逐步趋缓。城镇化水平的提高，伴随着人口的大规模流动。2010 年，中国流动人口达 2. 20 亿；2014 年，这一数字增长到 2. 53 亿（注：2014 年流动人口达到峰值 2. 53 亿，此后有所减少，2015 年下降到 2. 47 亿）；此后，中国流动人口有所减少，但依然保持在2 亿以上。与此同时，人口流动出现新的特征，由以乡—城流动为主逐步转向城—城和城—乡多向流动；就地就近转移逐步成为主体，城市群人口集聚水平进一步增强；流动人口稳定居住成为常态，人口城镇化质量得到根本提升。

（4）受教育水平显著提升，健康状况不断改善。中国坚持教育优先发展，2011 年以来国家财政性教育经费支出占 GDP 比重一直保持在 4% 以上，全面实施城乡免费义务教育，大力发展学前教育，加快普及高中阶段教育，不断提升高等教育和职业教育水平，教育普及率已达到中高收入国家平均水平。

（5）健康领域改革发展成效显著，城乡环境明显改善，全民健身活动普及，医疗卫生服务体系日益健全，人民健康水平和身体素质持续提高。2018 年人均预期寿命已达 77. 0 岁，新生儿死亡率、5 岁以下婴儿死亡率、孕产妇死亡率分别下降到 3. 9‰、8. 4‰、18. 3/100 000，总体上优于中高收入国家平均水平。

（6）实现了比较充分的就业，居民生活水平不断提高。中国政府把就业作为最大的民生摆在经济社会发展的优先位置上，持续推进“大众创业、万众创新”，实施更加积极的就业政策，在经济增速放缓的情况下，非农就业依然持续增长，失业率保持在较低水平。2018 年，城镇登记失业率约为 3. 8%，城镇调查失业率约为 4. 9%[①]。

（7）生态文明理念初步形成，人居环境趋于改善。通过政府引导

---

① 数据来源：国家统计局。

加大全社会投入力度，深入实施大气、水、土壤污染治理“三大行动计划”，加强污染治理和源头预防，生态环境保护和节约能源资源初显成效。2018 年，全国空气质量达标城市由 2015 年的 21.6% 提高到 35.8%，空气质量优良天数由 76.7% 提高到 79.3%①；单位国内生产总值能耗和二氧化碳排放量逐年下降。

3.2 中国人口与发展面临的挑战

预计 2021—2025 年，中国人口将表现出复杂的变动特征。根据联合国发布的《世界人口展望》，中国人口将在 2031 年前达到峰值 14.64 亿人，2050 年进一步下降到 14.02 亿左右。人口老龄化进一步加速，预计 2025 年前后，65 岁及以上老年人口比重将超过 14.0%；到 2050 年前后，老年人口比重将达到 26.1% 左右（见图 3－2），接近甚至超过发达国家平均水平，成为世界上老龄化程度最深的国家之一。城镇化仍将保持相对快速的发展态势，到 2030 年城镇人口比重约为 72%，基本完成城镇化进程。人口规模依然庞大，生育率持续下降，快速老龄化和城镇化交织，对经济、社会、资源、环境等各个方面都将带来新的挑战。

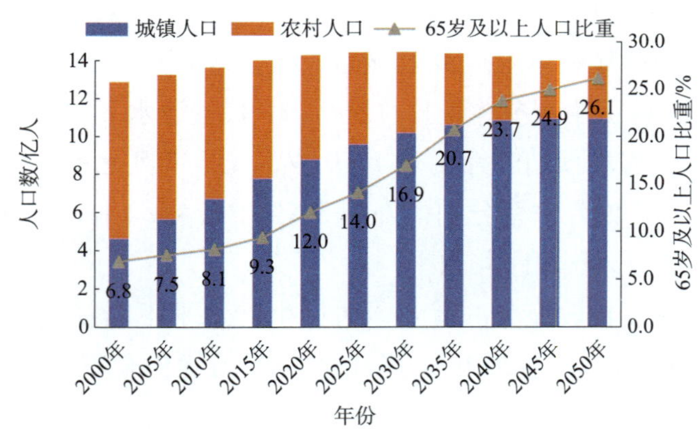

图 3－2　中国城乡人口规模预测及老年人口比重

数据来源：联合国《世界城市化展望 2018》（World Urbanization Prospects：The 2018 Revision，Online Edition）；联合国《世界人口展望 2019》（World Population Prospects 2019，Online Edition）。

① 数据来源：国家环保部。

（1）实现适度生育水平压力较大。中国生育率已经长期处于更替水平以下，虽然实施全面两孩政策后，生育意愿短暂回升，二孩出生人口有所增加，但随着政策效应的释放，生育率和出生人口会很快回落到较低水平，甚至存在进一步下行掉入“低生育率陷阱”的风险。

（2）男女比例失衡导致婚姻挤压。到2020年中国男性人口将比女性多3 620万人，其中0～29岁人口中男性比女性多3 400万人，30～64岁人口中男性比女性多920万人[①]。随着高出生性别比累积的“80后”“90后”过剩男性人口进入婚姻队列，出生性别比在持续偏高30多年后导致的性别失衡风险将日益凸显。

（3）人口老龄化加速的不利影响加大。劳动年龄人口减少，大龄、老龄劳动者比重提高，将降低劳动力要素对经济增长的贡献，持续影响社会活力、创新动力和经济潜在增长率。老年人口增加，社会保障支出压力加大，卫生总费用和人均卫生支出将大幅攀升；小型化家庭抗风险能力低，养老抚幼、疾病照料、精神慰藉等问题日益突出，特别是空巢老年人、高龄老年人、失能老年人的生活照料和长期照护服务需求持续增加。

（4）人口流动仍面临体制机制障碍。人口流动仍受到户籍、财政、土地等制度性因素的约束，在流出地和流入地都面临权益难以保障的困境。在流入地，在城市工作和生活的农民仍被社会所排斥，由此造成城市中的“新二元结构”；在流出地，进城务工农民的土地承包经营权、宅基地使用权和农村集体财产收益分配权等如何保障，仍然存在较大的不确定性。同时，很多农民短期内难以举家进城，形成大量留守儿童、留守妇女和留守老人，缺乏亲人的关爱、呵护和孝敬。根据民政部的调查，2016年农村留守儿童约为902万，2018年留守儿童数量有所下降，但仍高达697万。

（5）人口与资源环境承载能力始终处于紧平衡状态。中国庞大的人口规模对粮食供给的压力持续存在，人口与水资源短缺的矛盾始终突出，人口与能源消费的平衡关系依然十分紧张。

面对人口发展的重大趋势性变化，中国提出深入实施国家人口均衡发展战略，切实将人口融入经济社会政策，在经济社会发展战略规划计划、经济结构战略性调整、投资项目和生产力布局、城乡区域关系协

① 李树茁，孟阳．改革开放40年：中国人口性别失衡治理的成就与挑战［J］．西安交通大学学报（社会科学版），2018，38（6）：57－67．

调、可持续发展等重大决策中，不断健全人口与发展综合决策机制。

（1）注重人口内部各要素均衡，推动人口发展从以控制人口数量为主向调控总量、优化结构和提升素质并举转变。

（2）注重人口与经济发展良性互动，准确把握经济发展对人口变动的影响，综合施策，缓解经济因素带来的生育率下降等人口发展问题。

（3）注重人口与社会发展和谐共进，促进重点人群共享发展。完善国家基本公共服务制度体系，着力补齐重点人群发展短板，保障妇女儿童、残疾人合法权益，实现贫困人口精准脱贫，促进社会公平正义。

（4）注重人口与资源环境永续共生，不断优化人口空间布局。按照各地区功能定位和发展方向，推动人口向主要城市群和产业功能区集聚；加大环境治理与保护力度，可持续开发利用自然资源，推动形成绿色发展方式和生活方式。

3.3 中国人口与发展领域筹资状况

人口与发展是影响经济社会发展全局的重要因素，也是中国保障和改善民生的重要方向。中国在减贫、促进就业以及提供教育、卫生等公共服务等方面，不断加大资金投入，并逐步形成了政府、社会力量、国际组织等多方参与的投入机制。

持续、广泛的资金投入是实现减贫目标的重要保障。中国倡导社会各界共同关注和支持扶贫，扶贫资金包括财政扶贫专项资金、信贷资金，也包括大量社会捐赠资金，以及贫困人口个人互助发展资金等。其主要特征如下。

（1）财政扶贫资金持续增加。2016—2019 年，投向农村贫困地区的中央专项扶贫资金累计达 3 843.8 亿元，年均增长 28.6%；与此同时，地方政府每年投入 30% ~50% 的配套资金①。

（2）社会捐助资金大幅增长。社会捐助资金包括个人捐赠的资金、企业捐赠的资金、福利彩票的扶贫资金，以及机关、企事业单位捐赠的对口帮扶资金等。根据证监会的统计，2018 年有 591 家上市公司披露了扶贫工作情况，投入资金总额超过 210 亿元，帮助约 41 万建档立卡

① 董碧娟. 中央财政全力保障扶贫资金投入［N］. 经济日报，2019 -07 -18（03）.

贫困户人口脱贫①。

（3）国际组织发挥了重要作用。世界银行、联合国开发计划署、联合国儿童基金会、联合国人口基金、亚洲开发银行等机构，都以不同方式为减贫提供资金支持。世界银行从 1982 年开始为中国提供扶贫贷款，1982—2018 年累计提供贷款 5 209 亿美元，1997 年以来每年提供贷款额都在 160 亿美元以上②。

（4）健康投入逐年增加。卫生总费用由 2010 年的 19 980 亿元增长到 2018 年的 59 121 亿元，人均卫生费用由 1 490 元提高到 4 236 元③。

（5）卫生费用的筹资结构不断改善。政府卫生支出占卫生总费用的比例由 2010 年的 28.7% 下降到 2018 年的 27.7%，社会卫生支出由 36.0% 升至 43.7%，个人卫生支出由 35.3% 降至 28.6%。

（6）居民卫生支出负担减轻，主要归功于医疗保险基本实现全覆盖。2018 年，中国医疗保险参保人数达到 13.4 亿人（超过总人口的 95%），参加生育保险人数达 2.04 亿人，实施医疗救助 8 896 万人④。

（7）积极的国际合作和援助。在基本医疗和公共卫生领域，中国积极参与国际合作和援助，世界卫生组织、世界银行、联合国人口基金等在中国开展了健康促进项目。

（8）教育经费持续增加，财政投入保持相对稳定。中国教育经费来源主要有国家财政性经费、民办学校经费、社会捐助、事业收入（包括学杂费）等。中国教育经费由 2010 年的 1.96 万亿元增长到 2017 年的 4.26 万亿元，年均增长 11.7%。其中，国家财政性经费由 1.47 万亿元增长到 3.42 万亿元，占教育经费的比重由 74.99% 提高到 80.37%；学杂费收入由 2 771 亿元增长到 4 771 亿元，但占教育经费的比重由 14.2% 下降到 11.2%。2017 年，民办学校经费、社会捐助的规模较小，仅占教育经费的 0.53% 和 0.20%（见表 3－2）。

---

① 颜世龙．中央财政五年投入专项扶贫资金 2 800 亿［N］．中国经营报，2018－03－10.

② 数据来源：世界银行数据库。

③ 数据来源：国家统计局。

④ 国家医疗保障局．2018 年医疗保障事业发展统计公报［R］．2018.

表 3 -2　2010—2017 年中国教育经费构成　（%）

年份	国家财政性经费	民办学校经费	社会捐助	事业收入	其他
2010 年	74.99	0.54	0.55	20.99	2.93
2011 年	77.87	0.47	0.46	18.54	2.66
2012 年	80.78	0.45	0.33	16.12	2.32
2013 年	80.65	0.49	0.28	16.22	2.36
2014 年	80.53	0.40	0.25	16.54	2.28
2015 年	80.88	0.52	0.24	16.08	2.28
2016 年	80.73	0.52	0.22	16.14	2.39
2017 年	80.37	0.53	0.20	16.35	2.55

数据来源：国家统计局。

推动基本公共服务均等化是中国在人口与发展领域的主要努力方向，很多领域的投资主体是中央政府和各级地方政府。随着绝对贫困逐步消除、基本公共服务体系逐步完善，中国将更加强调服务的市场化、多元化和优质化，支持企业和社会组织等社会力量增加非基本公共服务供给①。可以预见，今后在人口与发展领域的资金安排方面，将会出现新的变化。

（1）保持财政资金对基本公共服务的稳定投入，进一步提高基本公共服务供给水平。合理安排和保障、落实人口与发展领域的财政投入，确保中央财政性资金优先支持基本公共服务领域补短板项目建设。

（2）发挥政府投资的引导作用，创新合作模式，积极推动政府和社会资本合作（PPP），鼓励各级政府依法、合规采取政府和社会资本合作等方式，吸引更多社会力量参与建设、运营和服务。加大金融支持力度，综合利用债券、保险、信贷、产业投资基金等方式，为可持续发展和公共服务项目融资提供支持。事实上，国家发展和改革委员会等部门 2018 年启动了鼓励社会力量增加普惠养老服务和普惠托育服务的试点工作。

① 资料来源：2019 年政府工作报告。

（3）加强与国际社会的交流、合作，秉持开放、包容的态度，积极引入国际先进理念、技术经验和优质发展资源，服务国内可持续发展事业。在人口与发展领域，联合国人口基金等国际组织的投入推动了中国基本公共服务供给能力的提升，特别是在加强政府工作人员、非营利组织的能力建设方面发挥了重要作用。在今后的人口与发展合作中，国际组织将面临更加广泛的发展方向和更加多元化的合作伙伴，特别是在如何支持市场主体提供公共服务、如何提升政府适应市场化的治理能力等方面，有望发挥更大作用。

第4章 性与生殖健康

自2000年以来，中国在性与生殖健康方面取得了令人瞩目的成就。例如，中国目前的孕产妇和儿童健康指标不但完成了2015年联合国千年发展目标，而且儿童和孕产妇死亡率也实现了联合国2030年可持续发展目标。2015—2018年，孕产妇死亡率从20.1/100 000下降到18.3/100 000，婴儿死亡率从8.1‰下降到6.1‰，5岁以下儿童死亡率从10.7‰下降到8.4‰[①]。尽管在服务水平和服务范围方面取得了巨大进展，但从公平的角度来看，仍有许多问题亟待解决。

4.1 中国性与生殖健康现状

4.1.1 性与生殖健康服务

值得注意的是，尽管2009—2017年妇幼保健院（所、站）的数量有所减少，但前往妇幼保健院（所、站）的患者总数几乎翻了一番，从1.48亿人次增至2.84亿人次。[②] 对妇幼保健服务需求增加和妇幼保健院（所、站）数量减少之间的矛盾是否影响以及如何影响妇幼保健服务的提供和质量，值得进一步研究。

4.1.2 孕产妇死亡率下降，存在区域差异

尽管在国家一级孕产妇死亡率总体下降，但城乡之间的差距仍在扩大[③]。

---

① 中国外交部．中国落实2030年可持续发展议程进展报告［R］．2019.

② 数据来源：国家统计局。

③ 国家卫生健康委员会．中国卫生健康统计年鉴2018［M］．北京：中国协和医科大学出版社，2018.

东部和西部地区之间的孕产妇死亡率存在严重不均衡现象。2018 年西藏孕产妇死亡率为 56. 62/100 000①，同期上海孕产妇死亡率为 1. 15/100 000②。从县级角度来看，尽管县级孕产妇死亡率可能受到当地孕产妇数量的影响存在不稳定的情况，但是根据华盛顿大学发表在《柳叶刀》的对中国县级孕产妇死亡率计算结果来看，2015 年浙江省嘉兴市南湖区孕产妇死亡率为 3. 4/100 000，而西藏扎达县孕产妇死亡率高达 830. 5/100 000③。

4. 1. 3 全面两孩生育政策背景下计划生育面临新的挑战

随着生育政策放宽，已婚育龄妇女避孕率已从 2010 年的 89. 1% 下降到 2015 年的 86. 1%；全面两孩政策实施后，避孕率进一步下降到 2017 年的 80. 6%。在选择避孕方法时，使用长效不可逆避孕方法（如宫内绝育器和绝育）的比例减少（见图 4 – 1），有效性低的短效方法的

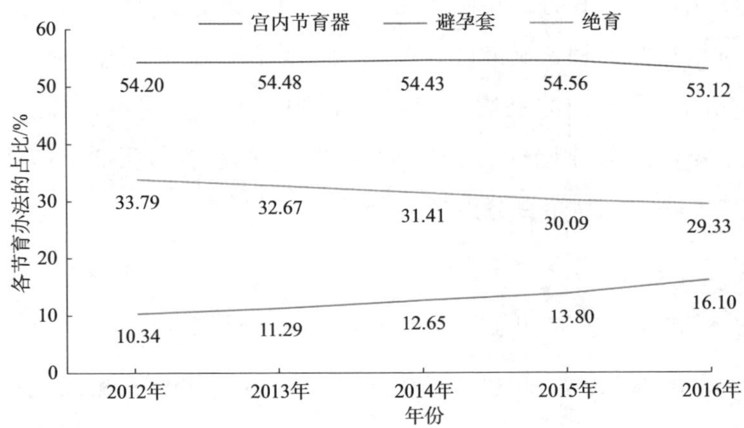

图 4 – 1 2012—2016 年节育方法构成时间变化趋势

数据来源：国家卫生与计划生育委员会。

---

① 李键. 西藏医疗卫生“两降一升三不出”目标初步达成［EB/OL］.［2019 – 09 – 05］.

② 顾泳，宋琼芳. 上海孕产妇死亡率何以持续走低［EB/OL］.［2019 – 02 – 18］.

③ Liang J，Li X，Kang C，et al. Maternal mortality ratios in 2852 Chinese counties，1996 – 2015，and achievement of Millennium Development Goal 5 in China：a subnational analysis of the Global Burden of Disease Study 2016［J］. *The Lancet*，2019，393(10168)：241 – 252.

使用率迅速上升①。绝育和使用宫内节育器的比例从 2012 年的 33.79% 和 54.20% 下降至 2016 年的 29.33% 和 53.12%，而使用避孕套节育的占比则从 2012 年的 10.34% 上升至 2016 年的 16.10%②。由于已婚育龄妇女不能坚持和正确使用短效避孕措施，导致非意愿妊娠增加。同时，从 2013 年到 2016 年中国人工流产率呈上升趋势，并在 2015—2017 年处于较高水平，也可能与这一问题相关③。

此外，2016 年实施了全面两孩政策，实现了高龄妇女的生育愿望，这带来了若干后果。第一，那些高龄孕妇面临更大的分娩并发症风险，并且更容易造成死产。就死产总数而言，中国排名世界第四④。与孕妇的最佳生育期（25～29 岁）相比，死产的风险随着孕妇年龄的提高而增加，35～39 岁妇女死产的风险增加了 33%⑤。第二，首次妊娠与高胎次的孕产妇数量有所增加。一项针对全国 28 个省的所有县的调查报告显示，受全面两孩政策的影响，2016 年 7—12 月的由初产妇生育的新生儿数量增加了 540 万，高胎次孕产妇和 35 岁及以上的产妇数量每月平均分别增加 9.1 和 5.8 个百分点。高胎次孕产妇更多地实施了剖宫产手术。高胎次孕产妇的平均剖宫产率从 39.7% 上升到 40.9%，上升了 1.2 个百分点；与此同时，初产妇的平均剖宫产率从 39.6% 下降到 36.6%，下降了 3.0 个百分点⑥。

---

① 国家卫生健康委员会. 中国卫生健康统计年鉴 2018 [M]. 北京：中国协和医科大学出版社，2018.

② 国家卫生健康委员会. 中国卫生健康统计年鉴 2018 [M]. 北京：中国协和医科大学出版社，2018.

③ 谭晓萍，方菁，肖传浩，等. 联合国可持续发展目标（SDGs）背景下中国人工流产和避孕的现状与对策 [J]. 中国计划生育学杂志，2019，27（3）：276－280.

④ Blencowe H, Cousens S, Jassir F B, et al. National, regional, and worldwide estimates of stillbirth rates in 2015, with trends from 2000: a systematic analysis [J]. *The Lancet Global Health*, 2016, 4(2): 98－108.

⑤ Zhu Jun, Liang Juan, Mu Yi, et al. Sociodemographic and obstetric characteristics of stillbirths in China: a census of nearly 4 million health facility births between 2012 and 2014 [J]. *The Lancet Global Health*, 2016, 4(2): 109－118.

⑥ Li H T, Xue M, Hellerstein S, et al. 2019. Association of China's universal two child policy with changes in births and birth related health factors: national descriptive comparative study [J]. *BMJ*, 366: 14680.

4.1.4　人工流产

根据《中国卫生健康统计年鉴2018》，2017 年人工流产 963 万例，人工流产率（注：人工流产率 = 人工流产数/育龄妇女数 ×1 000‰）为 27.28‰[①]。此外，还发现约 40% 的人虽经历过人工流产但不了解其危害，甚至将人工流产视为解决意外怀孕问题的“无害、无痛且快速的方法”[②]。

4.1.5　剖宫产分娩：改善适应症管理，澄清误解

由于住院分娩率的上升、医生进行剖宫产的经济动机以及人们对剖宫产的误解[③]，全国剖宫产率从 2008 年到 2014 年逐年增加，总体达到 35.0%（见图 4－2）[④]。近一半的剖宫产没有明确的医学指征[⑤]，这也与医院对剖宫产指征的理解和解释有关[⑥]。许多医院将 35 岁及以上的孕妇归类为“大龄孕产妇”，并可能同意为“大龄孕产妇和孕产妇需求”进行剖宫产。研究表明，35 岁产妇的剖宫产率为 66.8%，显著高于 34 岁产妇的剖宫产率（64.3%）；35 岁产妇的无指征剖宫产率为 25.7%，也显著高于 34 岁产妇（21.8%）[⑦]。此外，临床危险因素（如头盆骨比例失调和胎儿窘迫）往往也被过度诊断[⑧]。因此，在全国范围内标准化剖宫产指征的医学指南非常重要。地方政府应该加强对剖宫产的非医学指征的监督，建立剖宫产记录文件，并检查剖

① 谭晓萍，方菁，肖传浩，等. 联合国可持续发展目标（SDGs）背景下中国人工流产和避孕的现状与对策［J］. 中国计划生育学杂志，2019，27（3）：276－280.

② 唐运革，李飞成. 我国计划生育科技发展的历史回顾与现实思考［J］. 中国计划生育学杂志，2019，27（6）：688－690，694.

③ Li H T, Luo S, Trasande L, et al. Geographic Variations and Temporal Trends in Cesarean Delivery Rates in China, 2008－2014 [J]. *JAMA*, 2017, 317(1):69.

④ 国家人口与生殖健康科学数据中心. 剖宫产率时间趋势［EB/OL］.［2019－09－21］.

⑤ Liu Yajun, et al. A descriptive analysis of the indications for caesarean section in mainland China [J]. *BMC pregnancy and childbirth*, 2014, 14(1): 410.

⑥ Hellerstein S, Feldman S, Duan T. China's 50% caesarean delivery rate: is it too high? [J]. *BJOG: An International Journal of Obstetrics & Gynaecology*, 2015, 122(2):160－164.

⑦ 侯磊，王欣，邹丽颖，等. 高龄产妇界定线对产妇分娩方式的影响［J］. 北京医学，2015，35（7）：693－695.

⑧ 侯磊，李光辉，邹丽颖，等. 全国剖宫产率及剖宫产指征构成比调查的多中心研究［J］. 中华妇产科杂志，2014，49（10）：728－735.

宫产相关工作的执行情况。

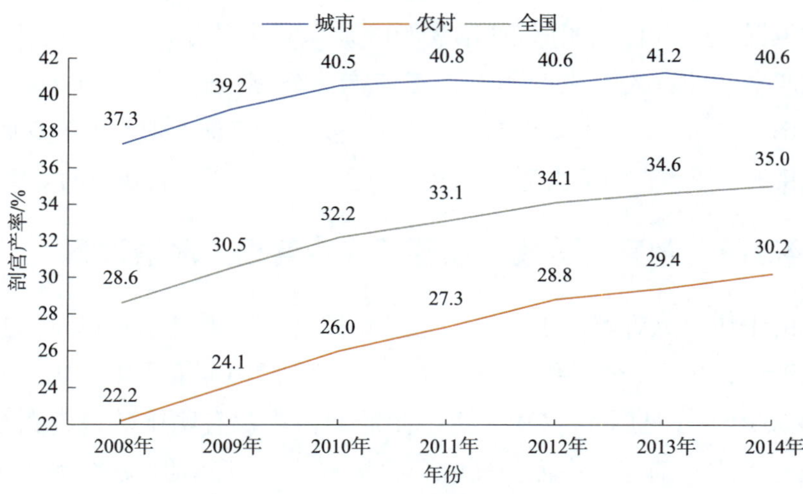

图 4－2　2008—2014 年全国、城市与农村的剖宫产率变动情况

数据来源：Li H T, Hellerstein S, Zhou Y B, et al. Trends in Cesarean Delivery Rates in China, 2008－2018［J］. *JAMA*, 2020, 323(1)：89－91.

4. 1. 6　宫颈癌的诊断、预防和治疗

宫颈癌的发病率持续上升，2013 年为 14. 09/100 000，在 2016 年达到 15. 91/100 000 的峰值。自 2016 年以来呈现下降趋势，并在 2017 年下降至 15. 35/100 000。

中国城市妇女和农村妇女对人乳头瘤病毒（HPV）的认识有所不同。城市妇女对宫颈癌临床症状、高危因素和预防方式的知晓率明显高于农村妇女。在上述四个方面的认知中，妇女对高危因素的知晓率最低（城市地区为 11. 1%，农村地区为 5. 6%），而对 HPV 相关知识的知晓率最高（城市地区为 25. 5%，农村地区为 23. 3%）。同样，城市妇女和农村妇女对宫颈癌的知识也存在很大差异（见图 4－3）①。

① 狄江丽，杨文蕾，田甜，等. 城乡妇女宫颈癌知信行调查及影响因素分析［J］. 中国生育健康杂志，2019，30（3）：206－210.

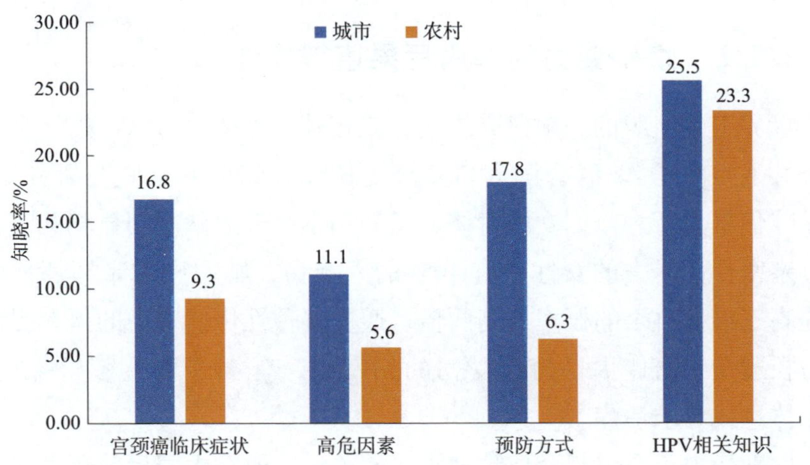

图 4－3　按城乡划分的中国妇女对宫颈癌和 HPV 的知晓率

4.1.7　艾滋病病毒/艾滋病感染呈上升趋势

艾滋病病毒/艾滋病感染呈上升趋势。据估计，中国目前约有 104.5 万例现存艾滋病病毒感染者，而性传播是主要传播途径。2018 年，性传播在各类艾滋病病毒传播途径中占比超过 90%，而 2005 年性传播所占的比例为 43.6%①。艾滋病的发病率呈上升趋势，从 2009 年的 1/100 000 增长至 2011—2012 年的 1.53/100 000 ~ 2.93/100 000，2017 年持续缓慢增加至 4.15/100 000。艾滋病死亡率也缓慢上升，从 2009 年的 0.50/100 000 上升到 2017 年的 1.11/100 000②。

在三个人群中艾滋病病毒感染率很高，分别是性工作者、男男性关系者和注射吸毒者。男男性关系者的艾滋病病毒感染率（6.9%）略高于注射吸毒者（5.9%），且比性工作者（0.2%）高出很多。然而，这三个人群的艾滋病相关知识知晓率没有显著差异，男男性关系者的艾滋病相关知识知晓率（58.8%）略高于其他两组，但三者均低于 60%。性工作者报告的避孕套使用率最高（93.5%），而注射吸毒者最低（53.1%）。据记录，注射吸毒者中梅毒感染的患病率

① 数据来源：国家卫生健康委。
② 数据来源：国家统计局。

（86. 5%）远高于其他两组（分别为 2. 0% 和 4. 8%）[①]。

4. 1. 8 性别暴力的健康后果值得关注

世界卫生组织的一项研究表明，亲密伴侣暴力（IPV）是一个严重的公共卫生问题[②]。联合国人口基金与伙伴组织的一项联合研究发现，亲密伴侣暴力行为与妇女的身体、精神和生殖健康状况明显相关。在遭受过亲密伴侣暴力的女性中有 40% 的人受伤，她们患临床抑郁症的概率提高三倍，自杀的概率提高两倍，遭受多种性传播感染的概率提高三倍。在遭受亲密伴侣暴力而受伤的妇女中，有 49% 的人不得不请假、卧床休息或寻求治疗[③]。

性别暴力正在引起全球越来越多的关注，但在中国目前还没有基于性别暴力的国家级调查。

4. 2 中国性与生殖健康面临的挑战

4. 2. 1 性与生殖健康服务的可及性在各人群之间存在差异

2010—2016 年，育龄流动妇女对宫内节育器的需求已从 46. 61% 大幅降至 36. 3%，而对避孕套的需求已从 23. 13% 增至 39. 3%，但是计划生育服务机构避孕用品的供给结构未及时调整[④]。少数民族获得的性与生殖健康服务低于汉族。例如，少数民族获得产前保健的比例仅为汉族的 60%，少数民族在卫生保健机构中的分娩率仅为汉族的 30%[⑤]。残疾

---

① 数据来源：联合国艾滋病规划署。

② 世界卫生组织. 暴力对待妇女行为的全球及区域概况：伴侣暴力和非伴侣性暴力的现状及其健康影响 [R]. 2013.

③ 联合国人口基金，预防伙伴，等. 中国性别暴力和男性气质研究定量调查报告 [R]. 2013.

④ 国家卫生和计划生育委员会流动人口司. 2017 中国流动人口发展报告 [M]. 北京：中国人口出版社，2017.

⑤ Huang Y, Shallcross D, Pi L, et al. Ethnicity and maternal and child health outcomes and service coverage in western China: a systematic review and meta－analysis [J]. *The Lancet Global Health*, 2017: S2214109X1730445X.

人的性与生殖健康需求[①]被忽略，针对残疾人的性与生殖健康服务体系尚未建立[②,③]，最终导致残疾人的性与生殖健康面临重大障碍[④,⑤]。

4.2.2　城乡性与生殖健康服务覆盖率的差异导致不同的结果

城市孕产妇死亡率与农村孕产妇死亡率存在差异，2000 年开始呈现加速缩小的趋势，2015 年已经降到非常微小的程度[⑥]。2017 年开始，城市孕产妇死亡率与农村孕产妇死亡率差异突然呈现扩大趋势，这一现象值得进一步观察。城市与农村泌尿生殖系统疾病的死亡率都上升了，2012 年后农村高于城市且城乡差距不断拉大，从 2012 年的农村地区 6.62/100 000 和城市地区 6.3/100 000 分别增加到 2017 年的农村地区 7.56/100 000 和城市地区 6.72/100 000。妊娠、分娩产褥期并发症粗死亡率和围产期疾病的粗死亡率也一直存在城乡差异，但差距有缩小的趋势。2017 年，城乡妊娠、分娩产褥期并发症粗死亡率分别为 0.08/100 000 和 0.11/100 000，与 2012 年的城市 0.09/100 000 和农村 0.15/100 000 相比差异逐步缩小。同样，2017 年的城市和农村围产期疾病粗死亡率分别为 1.59/100 000 和 1.88/100 000，相比 2012 年的城市 1.86/100 000 和农村 2.72/100 000 也有缩小趋势。

4.3　中国性与生殖健康领域筹资状况

2015—2019 年，中央政府从自身预算中增加了计划生育预算（见图 4－4），其中一部分已用于为贫困人口提供计划生育服务。

---

① United Nations. Convention on the rights of persons with disabilities [EB/OL]. [2019－10－11].

② World Health Organization, UNFPA. Promoting sexual and reproductive health for persons with disabilities. Geneva, Switzerland: WHO, 2009: 1－9.

③ 刘中一. 残疾人的性：一个社会人文视角的考察 [J]. 残疾人研究，2015 (4)：60－63.

④ UNESCO Beijing Office, Humanity & Inclusion. 看见需求：中国残障儿童与青年的性相关知识、态度和行为 [R].

⑤ 涂晓雯，胡塔静，李红艳. 残障青少年获取性教育与生殖健康服务的定性研究 [J]. 中国学校卫生，2018 (8)：1165－1168，1172.

⑥ 数据来源：国家统计局。

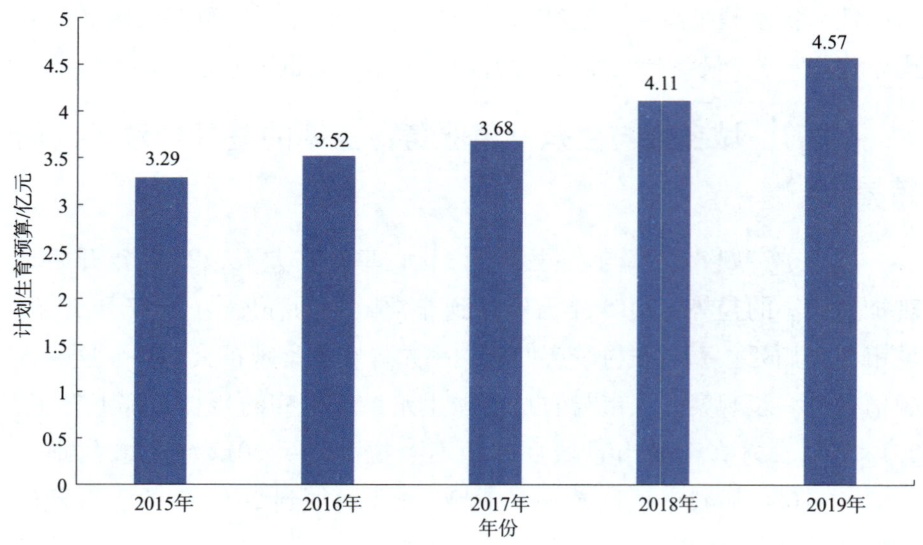

图 4－4　2015—2019 年中央政府计划生育预算

数据来源：中央政府 2015—2019 年预算和决算开放平台。

下面进一步分析中国省级层面性与生殖健康的支出。联合国人口基金和国家卫生计生委卫生发展研究中心开展的关于福建省和四川省的研究显示：2014 年福建省医疗总费用为 888. 96 亿元，其中，性与生殖健康（SRH）约占 16%，相当于该省地区生产总值的 0. 6%；四川省医疗总费用为 1 857. 51 亿元，其中性与生殖健康占 13%，相当于该省地区生产总值的 0. 8%①。按服务机构类型来分，上述费用约有一半用于医院服务，约 20% 用于卫生系统行政管理和筹资以及 17% ~19% 用于预防服务的机构。辅助和门诊服务提供机构占用支出最少。从花费流向来看，性和生殖健康的初级卫生保健提供不足。

进一步分析资金流向显示，年轻人群的家庭自付卫生支出更高，尤其是 0 ~39 岁人群，福建省和四川省的家庭自付支出均超过 50%；而 45 岁及以上人群则始终较低。0 ~4 岁和 15 ~19 岁年龄段人群的自付支出占比最高。相应地，年龄更大的人群中，政府和强制性医疗保险费用支出占比最高，而 15 ~44 岁年龄段的人群所负担性与生殖健康费用份

① 联合国人口基金驻华代表处．四川与福建省性与生殖健康支出分析报告［R］．2016.

额最大。这表明福建省和四川省年轻人群自己所承担的性与生殖健康费用偏高。

机构流向中，43.12%的生殖健康卫生费用发生在医院，成为主体部分；卫生行政和筹资管理机构占比20.90%（50.18亿元）；公共卫生机构和基层医疗卫生机构费用所占比重较小，分别为16.67%和8.06%。

第5章 性别平等

男女平等是中国的基本国策之一。中国重视通过立法保护妇女权益，促进男女平等，形成并完善了以《中华人民共和国宪法》为基础，以《中华人民共和国妇女权益保障法》为主体，包括100多部单行法律法规在内的保障妇女权益的法律体系。中国将妇女发展作为中长期发展规划的重要内容。《国家“十二五”规划纲要》和《国家“十三五”规划纲要》设专门章节，对促进妇女全面发展作出规划部署；《国家人权行动计划（2016—2020年）》《中国反对拐卖人口行动计划（2013—2020年）》等明确提出保障妇女权益的目标任务。从1995年开始，国务院先后颁布实施了三个五年周期的中国妇女发展纲要，明确各阶段妇女发展的目标任务；全国县级以上政府都制定实施了本地区妇女发展规划，自上而下形成了妇女与经济社会同步发展的目标规划体系。妇女在国家政治、经济、文化和社会生活各领域的权利得到有效实现，儿童的健康成长和受教育、受保护的权利得到有效保障，在落实《2030年可持续发展议程》相关目标方面取得显著进展。

5.1 中国性别平等现状

出生性别比是反映性别平等状况和妇女社会地位的敏感指标。中国性别偏好依然存在，出生性别比虽快速回落但依然偏高。中国出生性别比自20世纪80年代以来持续上升，由1982年的108.50上升到2000年的117.86。虽然中国政府一直重视出生性别比偏高的综合治理，但效果并不明显，2013年之前出生性别比仍在117之上。出生性别比失衡的根本原因是男孩偏好的生育文化。随着2013年单独两孩政策和2016年全面两孩政策的实施，出生性别比开始显著下降，2017年降至111.90，性别比失衡现象得到显著缓解，但依然处于较高水平（见图5-1）。

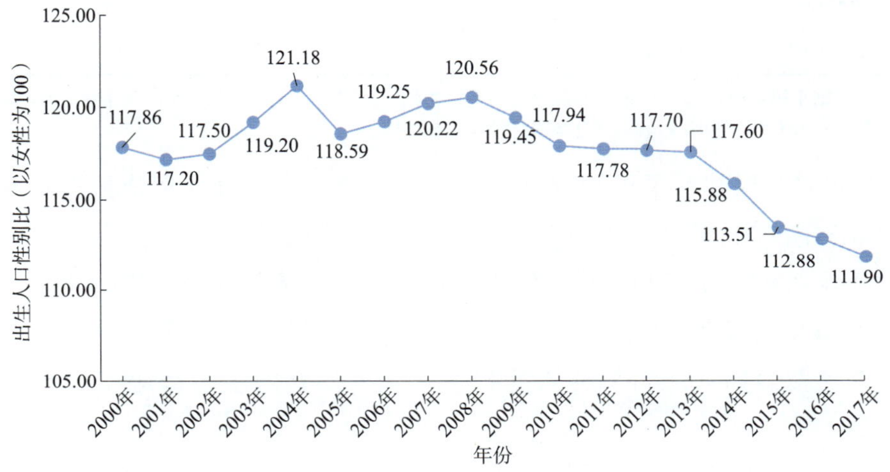

图5-1　2000—2017年中国出生人口性别比（以女性为100）

数据来源：国家卫生和计划生育委员会，人口与发展研究中心. 中国人口和计划生育数据表2017［M］. 北京：中国人口出版社，2017；国家统计局. 2017年《中国儿童发展纲要（2011—2020年）》统计监测报告［M］. 北京：中国统计出版社，2018.

女婴死亡率偏高趋势得到改善，但城乡差距依然明显。20世纪80年代，中国婴儿死亡率性别差异开始偏离正常水平，1981年的女婴死亡率约为男婴的94.9%，到1989年上升到114.4%，到2000年进一步上升到142.3%。偏高的女婴死亡水平通常是由对女婴在社会经济和健康方面的歧视性待遇（如溺弃、虐待、营养、食物及医疗保健资源缺乏等）造成的，反映了女婴在家庭及社会中并没有得到平等的地位。近年来，女婴死亡率偏高的趋势有所改善，2010年性别差异下降到105.1%（见表5-1）。2017年，城镇和农村女婴死亡率分别下降为3.7‰和7.3‰，都低于男婴的4.5‰和8.5‰[①]。

---

① 国家统计局. 中国社会中的男人和女人——事实和数据（2018）［R］. 2018.

表5－1　分性别婴儿死亡率

年份	婴儿死亡率/‰	男婴死亡率/‰	女婴死亡率/‰	女婴死亡率/男婴死亡率
1981年	34.70	36.96	35.07	94.9
1989年	30.34	32.19	36.83	114.4
2000年	26.90	22.56	32.10	142.3
2010年	13.82	13.73	13.92	105.1

数据来源：1981年、1989年数据来自曹萌、雷鹏、吴擢春（《中国婴儿死亡率性别比的地域差异》）；2000年、2010年数据来自国家统计局普查数据。

孕产妇保健水平继续提高。2018年孕产妇住院分娩率依然保持在99.8%左右，产前检查率、产后访视率等均有不同程度的提高。孕产妇死亡率继续降低，由2010年的30/100 000降低至2018年的18.3/100 000。为适龄妇女尤其是农村适龄妇女开展了免费的宫颈癌和乳腺癌检查，并定期免费为妇女进行妇科疾病检查，广大妇女的生殖健康水平有所提高。

女性受教育比例和受教育水平越来越高。女童的受教育权利受到《中华人民共和国义务教育法》《中华人民共和国妇女权益保障法》等法律的有效保障。2017年全国人口变动情况抽样数据显示，6岁以上女性中的92.3%有受教育经历，13.6%有大学专科及以上受教育经历。义务教育阶段已基本消除性别差距，2017年九年义务教育巩固率为93.8%，比2010年提高2.7个百分点；小学学龄女童净入学率为99.9%，与男童基本持平。女性接受学前教育、高中阶段和高等教育的机会不断增加。女性毛入学率已经普遍超过男性（见表5－2和表5－3）。

表5－2　各级学校在校女生比重　（%）

年份	学前	小学	初中	高中	大学
2005年	45.09	46.82	47.33	46.43	47.08
2010年	45.44	46.23	47.21	48.62	50.86
2015年	46.39	46.33	46.46	50.28	52.42
2018年	46.75	46.51	46.48	50.77	52.54

数据来源：中国教育部网站，教育统计数据2005—2018年。

表 5－3 根据各年龄组人口性别比调整后女生比重 （%）

年份	学前	小学	初中	高中	大学
2005 年	51.77	52.51	51.93	49.71	49.99
2010 年	52.83	52.84	53.10	53.97	54.90
2015 年	53.44	53.73	53.26	56.92	58.47
2018 年	53.48	53.86	53.56	57.91	59.06

数据来源：中国教育部网站，教育统计数据 2005—2018 年。

中国女性积极参加经济、科技活动。中国女性的就业率持续下降，由2000 年的70.3%下降到2018 年的61.8%，女性在家庭和工作之间有了更多选择；但相对于2018 年高收入国家和中高收入国家女性的就业率（51.6%和 55.0%）来说，中国女性的就业率依然处于较高水平。女性专业技术人员持续增加。2016 年，公有制企事业单位中女性专业技术人员为 1 480 万人，占比达 47.8%，比 2010 年提高 2.8 个百分点。女性劳动保护更加完善，2017 年落实《女职工劳动保护特别规定》的企业比重达 73%，比 2010 年提高 18 个百分点。

更多女性参与决策管理。在参政议政方面，女性在各级人民代表大会中的比重稳中有升。其中，在全国人大代表中，女性代表由 1954 年的 12.0%提高到 2018 年的 24.9%。女性在基层民主管理中参与程度较高，2017 年村委会成员中女性比例为 23.1%，社区居委会组织中女性占比约为 50%。女性参与企业经营管理的比重也不断提高，2017 年企业职工董事和职工监事中女性比例分别为 39.7%和 41.6%，比 2010 年分别提高 7.0 和 6.4 个百分点①。

女性在家庭中的地位逐步提高，妇女保护进一步加强。婚姻方面，女性具有更多自由婚姻权利，参与家庭重大事务决策，婚姻家庭中的性别平等状况明显改善。妇女儿童保护体系日益完善，家暴行为被正式纳入法律监管范畴，2016 年 3 月 1 日，《中华人民共和国反家庭暴力法》正式实施，明确了家庭暴力的预防和处置机制、措施；加大力度打击拐

① 国务院．平等 发展 共享：新中国 70 年妇女事业的发展与进步（白皮书）[R]．2019.

卖妇女儿童的犯罪行为，2013 年 3 月 8 日发布了《中国反对拐卖人口行动计划（2013—2020 年）》，各相关部门通过开展各种专项行动，加大对拐卖人口犯罪“买方市场”的整治力度，从源头减少拐卖人口案件的发生。

5.2 中国性别平等面临的挑战

性别平等理念还需进一步普及，重男轻女的社会观念仍然广泛存在，妇女享有家庭财产平等的所有权和继承权还未完全落实，社区和家庭的女童保护意识和能力有待提高。

生育政策转型对女性社会地位带来不确定的影响。2017 年生育意愿调查显示，育龄妇女平均理想子女数为 1.96 个，育龄妇女平均打算生育子女数为 1.75 个，这意味着中国生育率存在进一步下降的风险①，尽快完善生育支持政策将是一个必然的选择。研究发现，女性社会地位与生育子女数负相关，女性社会地位越高，在生育决策方面越具有话语权，其生育意愿越低。也就是说，提高女性社会地位和提高生育率的政策目标可能并不完全一致。因此，在生育政策调整过程中，不仅要保障女性的健康需求，还要保障女性在生育决策中充分的选择权，以及维护女性在家庭和社会中的合法权益和平等地位。

在劳动力市场中，女性的整体竞争力弱，易被排挤到低层次、低职位、低报酬的工作中去，同工不同酬的现象依然存在，男女平等的实质化有待强化。全面两孩政策实施后，一方面，由于托育服务严重不足，更多女性在工作和家庭之间面临平衡难题；另一方面，为提高女性生育意愿而推出的延长产假和育儿假等福利政策，客观上增加了企业成本，由于缺乏相应的补充机制，反而导致女性在就业中面临更多性别歧视。

城乡、区域间妇女儿童发展水平不均衡，贫困地区妇女儿童保护和服务资源相对匮乏，留守人口和流动人口中妇女儿童在卫生保健、教育

---

① 贺丹，张许颖，庄亚儿，等. 2006—2016 年中国生育状况报告——基于 2017 年全国生育状况抽样调查数据分析［J］. 人口研究，2018，42（6）：35－45.

培训、法律保护等方面的保障和服务有待完善。

女性参与决策与管理仍需进一步提升。一是参政比例依然偏低。1995 年联合国第四次世界妇女大会通过的《行动纲领》，对妇女参政提出了明确的比例要求，即各国女性参政比例要达到 30%，中国目前只有 24.9%。二是决策层次相对偏低，女性居于高层、重要岗位的比例也在逐年提高，但绝大多数女性干部还是居于基层或相对边缘的岗位。2018 年，在 34 个省级政府（含新疆生产建设兵团，未包括香港、澳门和台湾）中有 3 位女性省长，仅占 9.4%①；在 333 个地市级政府中有 11 位女性市（州）长，仅占 3.3%②。

保护女性免受性骚扰和家庭暴力。不管是校园还是职场，性骚扰都普遍存在，也反映了当前男女在权利、资源等方面的不对等关系，而反性骚扰机制又普遍缺失。家庭暴力长期被认为属于“家务事”，往往让施暴者逃脱谴责和惩罚；与此同时，社会舆论对遭受家庭暴力，特别是性暴力的女性缺乏理解，甚至指责受害人的现象大量存在，导致多数遭受家庭暴力的女性不愿意和难以求助，不能有效遏制暴力行为。

推动妇女儿童权益保护法律法规的落实，加大执法监督和政策执行力度；进一步建立健全性别平等评估机制，不断完善法规政策体系；研究制定反就业歧视法及相关救济制度，保护妇女权益。建立运行监测预防、强制报告、应急处置、评估帮扶、监护干预“五位一体”的儿童保护机制，研究制定《〈中华人民共和国反家庭暴力法〉实施细则》，以保障妇女儿童获得法律援助和司法救助。

5.3 中国性别平等领域筹资状况

中国将进一步健全提高妇女地位的国家机制，不断完善维护妇女权益的法律体系，保障妇女发展的经费投入，充分利用政府资源，有效调动社会资源，增加公共服务供给，促进性别平等与妇女发展。

---

① 2018 省级地方两会：106 名女性当选副省级以上领导［EB/OL］．［2018－02－05］．

② 全国地级市现任的 11 位女市长［EB/OL］．［2018－08－31］．

加大促进妇女发展的财政投入。《中国妇女发展纲要（2011—2020年）》明确提出：“各级政府将实施纲要所需经费纳入财政预算，加大经费投入，并随着经济增长逐步增加。”目前，各省级政府都设立了妇女儿童发展专项资金。例如，山东省 2017 年和 2018 年分别支出 1 300 万元和 3 800 万元，广西壮族自治区 2017 年和 2018 年分别支出 638. 7 万元和 915 万元。

重点扶持贫困地区和少数民族地区妇女发展。2015 年，全国妇联启动了“巾帼脱贫行动”，通过在贫困县支持发展手工业吸纳更多贫困妇女就近就业。截至 2017 年年底，在 800 多个贫困县建立了 2 100 多个妇女手工协会，带动 106 万人次贫困妇女通过发展手工业就地就近就业；投入项目资金 2 430 万元，创建 480 多个“全国巾帼脱贫示范基地”，开展各类脱贫培训班 3. 49 万期，培训贫困妇女和妇女骨干 231 万人次。[①]

积极发展社会组织的作用。中国妇女基金会通过募集社会捐款，开展了“母亲健康快车”“母亲水窖”“母亲创业循环金”“母亲微笑行动”等慈善项目，2017 年募捐收入和慈善支出分别为 7. 23 亿元和 8. 23 亿元，2018 年募捐收入和慈善支出分别为 9. 37 亿元和 5. 45 亿元。

动员社会力量，多渠道筹集资金，支持妇女发展。2015 年全国妇联倡导的“创业创新巾帼行动”，希望吸引更多社会资金，鼓励、引导广大妇女增强创业意识，投身创业实践。首届中国妇女创业创新大赛的获奖项目获得了 30 余家创投机构、10 多亿元的投资。

① 让广大妇女生活更美梦想更绚——妇女发展工作综述［EB/OL］.［2018 - 01 - 26］.

第6章 青年发展

2015 年中国 1% 人口抽样调查结果显示，截至 2015 年年底，中国约有 1.75 亿年龄在 15 ~ 24 岁的年轻人，其中男性为 9 260 万、女性 8 290 万。15 ~ 19 岁的青年占 43%，其中男性为 4 040 万，女性为 3 480 万；20 ~ 24 岁的青年占 57%，其中男性为 5 220 万，女性为4 810 万。58% 的青年人口居住在城市地区。2015 年，中国 15 ~ 24 岁的已婚青年人数约为 2 018 万，结婚率为 11.5%。据联合国人口司的预测，中国 15 ~ 24 岁的年轻人占比将呈下降趋势，从 2020 年占中国总人口的 11.8% 下降到 2040 年的 11.0%[①]。

6.1 中国青年发展现状

6.1.1 中国青年教育水平稳步提高

高中生人数从 2015 年的 4 038 万小幅下降至 2018 年的 3 935 万，但参与高等教育的水平保持稳定。2018 年，高中和高等教育水平的毛入学率分别达到 88.8% 和 48.1%[②]，创历史新高。

城乡青年之间的教育差距明显，尤其是在高等教育方面。尽管中国的高校对农村学生实行了一系列的大学入学优惠政策，但从职业学院、普通本科院校、“211” 高等学校到 “985” 高等学校，随着教学质量的提高，来自地级以上城市的学生的比例更高，而来自乡镇和农村地区的

---

① United Nations, Department of Economic and Social Affairs, Population Division. World Population Prospects 2019 [R]. 2019.

② 教育部.2018 中国教育统计年鉴 [M]. 北京：中国统计出版社，2018.

学生的比例呈下降趋势。

数量上的差异反映了前一阶段青年基础教育质量上的差距，体现为普通农村初中每名学生的平均公共预算教育支出低于全国平均水平。其结果是农村青年的教育落后于城市青年，他们面临着父母教育水平低、教学资源不足和家庭环境缺乏支持等不利条件。教育经费投入不均导致农村教育薄弱、城乡教育失衡。由于农村公共预算教育支出的增长率低于全国平均水平，因此城乡之间的教育差距将来有可能进一步扩大①。

6.1.2 中国青年的性与生殖健康状况

近年来，中国年轻人的性行为呈现出明显的高发、低龄的趋势，这使年轻人意外怀孕成为不可避免的社会问题。据中国计划生育协会的数据，全国20%的大学生发生过性行为②。北京大学的另一份报告表明，在经历过流产和反复流产的15～19岁女孩中，第一次性行为的最早年龄为11岁（见图6－1）③。中国社交媒体和基于手机的应用程序的迅速发展，为青年进行随意性行为创造了便利条件，13.42%的青年曾通过网络社交平台约会而发生了性行为。青年之间随意性约会引起的不安全性行为的增加可能导致更多意外怀孕④。

中国每年在公立医院系统中报告的900万～1 300万例人工流产中，有一半以上是25岁以下的年轻女性⑤,⑥。中国人民大学的一项研究发现，虽然中国18～61岁的女性中，曾做过人工流产的比例略有下降，但18～29岁年龄组中人工流产的发生率却显著增加（见图6－2）⑦。

---

① 黄小润．关于中国农村教育发展现状的原因分析及解决措施［J］．智库时代，2019（26）：250，292.

② 中国计划生育协会．2015年大学生性与生殖健康调查报告［R］．2016.

③ 中国妇幼保健协会，北京大学护理学院．中国15～19岁青少年重复人工流产研究报告［R］．2018.

④ 中国红丝带网“青少年全力以赴”新媒体平台．青少年网约性行为现状调查报告［R］．2018.

⑤ 周易，向楠．中国每年人工流产达1 300万人次 低龄化问题突出［N］．中国青年报，2015－01－26.

⑥ 国家卫生健康委员会．《人工流产后避孕服务规范（2018版）》文件解读［J］．中国计划生育学杂志，2018，26（10）：892.

⑦ 中国人民大学性社会学研究所．“中国人的性”总人口随机抽样调查报告［R］．2016.

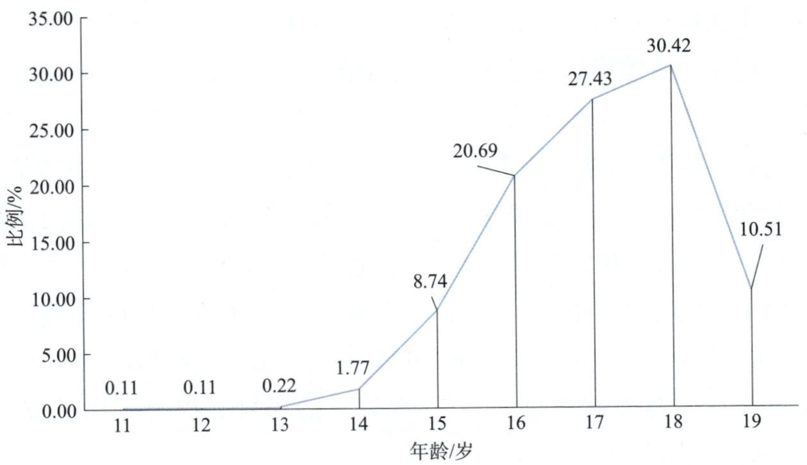

图 6－1　有流产和反复流产经历的 15～19 岁女孩的初次性行为年龄分布

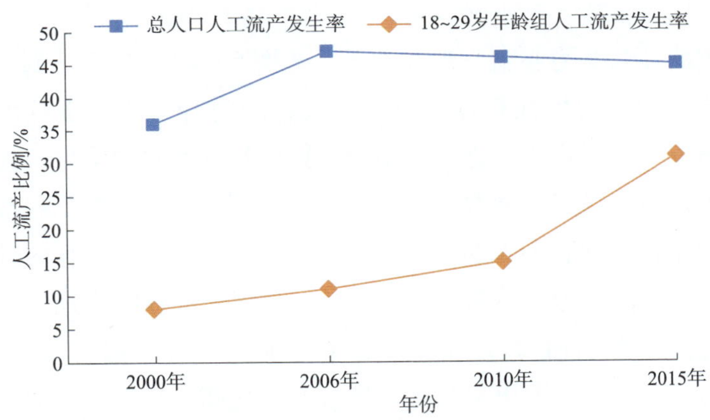

图 6－2　中国人民大学性社会学研究所四次全国性调查中的人工流产比例

中国青年进行人工流产的一个主要特征是反复流产的比例很高。2017 年，《柳叶刀》杂志发表了一项针对中国 15～19 岁年轻人在某些医院中反复流产的研究结果，39% 的青年流产是反复流产，9% 是第三次流产。相比之下，来自中等发达地区和相对贫困地区的青年以及失学的流动青年，更有可能再次流产①。

① Liu J，Wu S，Xu J，et al. Repeat abortion in Chinese adolescents：a cross－sectional study in 30 provinces［J］. *The Lancet*，2017，390（4）：S17.

青年在特定的人群中，包括流动人口中的青年、留守儿童和性少数群体，对性传播感染、避孕和意外怀孕的关注也很有限。有限的定性研究表明，流动人口中普遍存在严重的性与生殖健康问题[①]。

艾滋病病毒/艾滋病和其他性传播疾病正在中国年轻人中传播。从2010年到2017年，艾滋病病毒/艾滋病的发病人数从2 840人激增至16 307人[②]。从2016年到2017年几乎翻了一番。此外，艾滋病病毒/艾滋病和其他性传播疾病的负担正在增加。15～19岁青年的伤残调整生命年（disability-adjusted life year，DALY）损失占比从2010年的0.35%增加到2017年的0.48%，20～24岁青年的DALY损失占比从2010年的0.65%上升到2017年的0.79%[③]。

6.1.2.1 性教育已经引起了政府越来越多的关注，但总体覆盖范围仍然不足

目前青年性教育覆盖率严重不足（见图6－3）。只有不到1/3的初中、高中和大学提供性教育，而且性教育的内容与质量很难保证。第一，性教育课时难以得到保证。即使是接受过性教育的学生，大多数只上过3个课时。第二，性教育的内容缺乏广度。中学生接受的性教育内容多局限于性别教育和青春期教育，而大学生接受的性教育内容也主要为性生理教育，性教育内容不够全面[④]。第三，从国家到地方，目前仍缺乏系统性反映全面性教育理念的教材[⑤]。此外，在中国大多数学校中，缺乏受过良好培训、可以提供优质性教育的教师。没有这个重要的先决条件，就很难在中国普及性教育。

目前，中国青年的性知识水平不高。中国14～17岁的年轻人对基

① 王磊，张蕾，胡成花，等．未婚流动青少年性与生殖健康观念、认知与行为特征研究——基于全国六省的定性访谈研究［J］．国际生殖健康/计划生育杂志，2015，1（1）：19－22.

② 新华社．艾滋病“盯上”青年人，我们该如何应对？［EB/OL］．［2018－11－30］.

③ 美国西雅图健康指标与评估研究所（IHME）．2017年全球疾病负担研究（GBD 2017）结果［R］．2018.

④ 张文静，马迎华，高迪思，等．中国部分省市大学生性教育现状与性行为影响因素分析［J］．中国学校卫生，2018，39（294）：20－23.

⑤ 刘文利，元英．我国中小学性教育政策回顾（1984—2016）［J］．教育与教学研究，2017，31（7）：44－55.

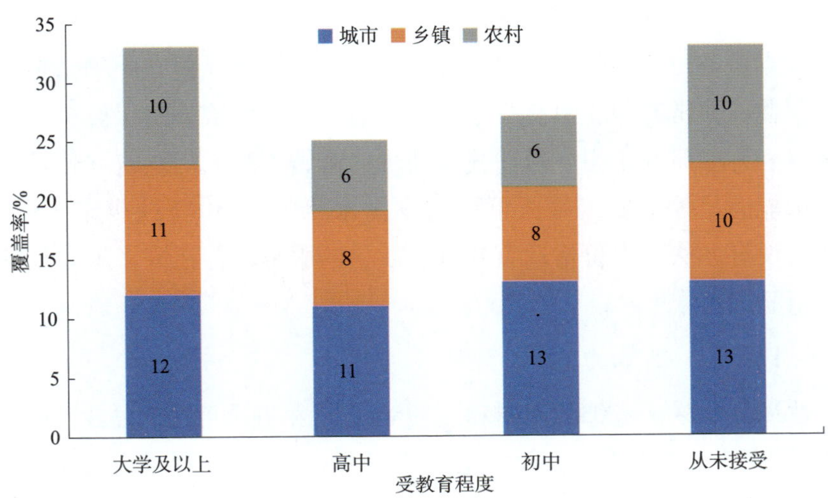

图6－3　中国在校学生性教育课程的覆盖率

数据来源：中国计划生育协会. 2015年大学生性与生殖健康调查报告［R］. 2016.

本的生理现象、避孕和性疾病都没有足够的了解（见图6－4）。大约30%的大学生仍然错误地认为手淫会导致严重的健康问题、体外射精对避孕有效。大约50%的人认为无痛流产比其他流产方式更安全①。

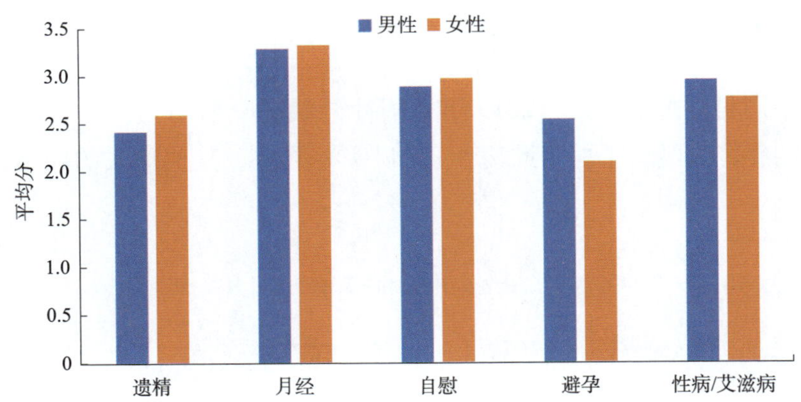

图6－4　全国14～17岁年轻人的性知识测验平均分（满分为5分）

数据来源：潘绥铭，黄盈盈. 我国14～17岁青少年性教育效果的实证分析［J］. 中国青年研究，2011（8）：5－9.

① 潘绥铭，黄盈盈. 我国14～17岁青少年性教育效果的实证分析［J］. 中国青年研究，2011（8）：5－9.

6.1.2.2 已开展亲青服务，但覆盖范围仍然有限

亲青服务可为年轻人提供全面的生殖健康服务，但在中国，亲青服务的覆盖面非常有限，只有少数由非政府组织运营或妇幼保健机构运营的试点。许多研究指出，目前我国缺少向未婚年轻人提供避孕药具的服务，未能满足性活跃未婚人群的避孕需求①,②,③。由于缺少亲青服务，年轻人没有办法获得价格适宜并且有质量的服务，存在许多未满足的性与生殖健康需求④。

6.1.2.3 性暴力

性暴力行为与《2030年可持续发展议程》第五个可持续发展目标“实现性别平等并赋权每个妇女及女童”的实现密切相关。性暴力对女青年的伤害最为严重（见图6－5）。中国女青年遭受的性暴力危害高于世界平均水平，在全球女青年因性暴力产生的DALY⑤占其全部DALY的比例呈整体下降趋势的情况下，中国女性的这一比例却呈微弱的上升趋势。

这些数据还表明，从2015年到2017年，在中国15～24岁的年轻女性中，因性别暴力产生的DALY占其全部DALY的比例从2.95%略上升到2.97%。亲密伴侣暴力的后果也是持久且难以克服的。

6.1.3 网络欺凌状况

中国科学院发布的《2019年中国社会状况分析与预测》显示，近30%的年轻人经历了网络欺凌⑥。除口头辱骂外，其他形式的网络欺凌

① 张维宏，车焱．中国流产后计划生育服务的干预研究［M］．北京：中国人口出版社，2017.

② 王晖，刘鸿雁，张翠玲．未婚青少年人工流产与紧急避孕分析［J］．人口与计划生育，2014（6）：30－31.

③ 谭晓萍，方菁，肖传浩，等．联合国可持续发展目标（SDGs）背景下中国人工流产和避孕的现状与对策［J］．中国计划生育学杂志，2019，27（3）：276－280.

④ 郭华，张蕾，庞丽华，等．未婚流动青年性与生殖健康服务提供的困惑：来自供需双方的声音［J］．国际生殖健康/计划生育杂志，2015，119（1）：13－18.

⑤ 伤残调整寿命年（DALY）指从疾病发生到死亡所损失的全部健康寿命年，包括死亡和伤残损失的健康生命年两部分。

⑥ 李培林，陈光金，张翼，等．社会蓝皮书：2019年中国社会形势分析与预测［M］．北京：社会科学文献出版社，2019.

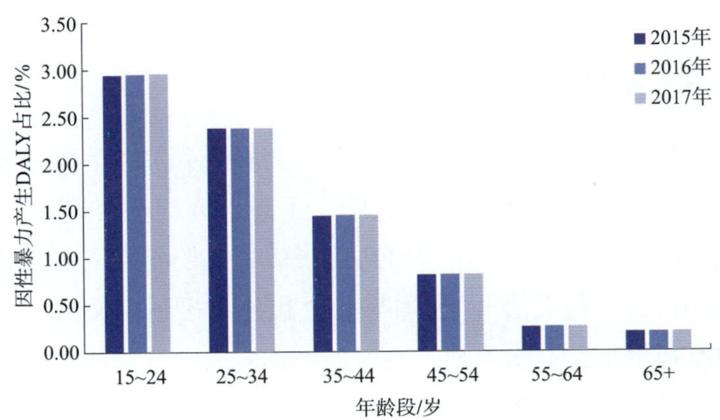

图 6-5 中国各年龄段妇女因性暴力产生的 DALY 占其全部 DALY 的比例

数据来源：美国西雅图健康指标与评估研究所（IHME）. 2017 年全球疾病负担研究（GBD 2017）结果［R］. 2018.

还包括性骚扰和软色情①。

基于性别和性取向的网络欺凌也是与青年发展有关的重要问题，尤其是针对年轻女性的网络欺凌。根据联合国 2015 年的一份报告，18 ~ 24 岁年轻女性是网络欺凌的主要受害者②，网络性骚扰的对象主要是女性。在中国进行的一项研究显示，有 71% 的女性大学生在网上受到过性骚扰，而男性大学生的这一比例为 29%③。

为了保护青年的权利，减少非法和不健康的信息，近年来中国通过了一系列法律法规。例如，2016 年，教育部等九部门出台了《关于防治中小学生欺凌和暴力的指导意见》，特别指出了要避免校园欺凌通过网络新媒体扩散演变为网络欺凌④。2017 年，国家互联网信息办公室发布了《未成年人网络保护条例》（送审稿）。国家“扫黄打非”办公室还开发了关于“拒绝网络欺凌”的网络安全课件供青年

① 软色情：不会直接出现性器官和性行为的动词，但充满挑逗、诱惑、想入非非的内容。

② UN Broadband Commission. Cyber Violence against Women and Girls: A World - wide Wake Up Call［R］. 2015.

③ 叶佳惠，李梦玲，江剑平. 网络性骚扰现状调查与分析［J］. 保健医学研究与实践，2018，15（1）：18-25.

④ 教育部，等. 关于防治中小学生欺凌和暴力的指导意见. 2016.

学习①。

6.1.4 年轻人的政治参与和领导力

中国的年轻人热衷于参与公共事务。年轻人参加政治事务的意愿有所提高，不同意“我对政治不感兴趣，不想投入时间和精力”的比例在2015年为49.1%，2017年增加到55.3%，表明年轻人更愿意投入更多的时间和精力参与政治②。参加与社会和公共福利相关活动的年轻人的比例也有所增加。在未参加志愿服务的年轻人中，参加志愿服务的意愿很强，通常为60%～70%。

社交网络已成为年轻人参与公共生活的新渠道，增强了他们发出声音和自由表达意见的能力，但是青年人在全国人民代表大会代表中的比例仍然很低，1990年以后出生的代表仅占0.07%。

在中国，性与生殖健康领域也需要更多青年参与关注。目前，大学生的社会活动和志愿活动主要集中在政策宣讲、实践活动和西部支教③，对于性与生殖健康的项目和关注都较少。中国青年网络的经验很好地说明了该问题。中国青年网络是开展性与生殖健康同伴教育、倡导10～24岁年轻人性与生殖健康和权利的青年志愿组织，它是在中国计划生育协会、联合国人口基金的共同支持下成立的。尽管中国青年网络的代表有机会与青年性与生殖健康的决策者和项目领导小组进行沟通，但他们实际参与决策往往存在困难④。

6.2 中国青年发展面临的挑战

6.2.1 意外怀孕

对中国青年意外怀孕的现实了解不足。面对意外怀孕，青年通常通

① 新华社．全国“扫黄打非”办公室推出“护苗·网络安全课”课件［EB/OL］．［2018－01－11］．

② 资料来源：中国社会科学院主持的“中国社会状况综合调查（CSS）”项目。

③ 张文智．新时代大学生志愿服务问题研究［D］．长春：东北师范大学，2019.

④ 赵德余．政策制定的逻辑：经验与解释［M］．上海：上海人民出版社，2010.

过人工流产终止妊娠，但在正规医疗机构中登记的意外怀孕青年人数比实际人数要少得多，中国的官方统计数据并未反映意外怀孕的真实情况。此外，很难确定在网上购买流产药物、私下进行流产的青年人数，当前仍缺乏中国青年意外怀孕情况的可靠数据。

目前，中国的未婚育龄人口在国家计划生育政策中受到的关注很少。相关政策缺位在一定程度上加剧了未婚育龄人群高流产率和高重复流产率的现状。

流动青年人口可能特别容易发生意外怀孕。中国有大量的流动人口，其中3 000万流动青年人口已成为性与生殖健康政策和服务提供的盲点。既往计划生育部门的工作重点主要是已婚育龄妇女，在很大程度上忽视了流动青年人口中的性与生殖健康服务需求。流动青年人口，尤其是年轻妇女，面临许多与性相关的健康问题，例如无保护的性行为、意外怀孕、生殖道感染和艾滋病病毒感染①。

需要加强青年避孕服务的可及性和可用性。大量的青年仍然严重依赖失败率高的避孕方法，如性交中断和安全期方法。选择效率低的避孕方法是避孕失败的重要原因之一。尽管年轻人对避孕药具的需求很大，但仍然很少有免费的避孕药具的提供。特别是在社区一级，缺乏为青年人提供综合性、对生殖健康和计划生育服务有利的环境。在中国，关于青年性与生殖健康的综合咨询服务尚不足，约60%青年性与生殖健康咨询的需求没有得到满足②。

6.2.2 全面性教育和亲青服务的政策和实施障碍

第一个障碍是对性教育的定义缺乏明确性和一致性，缺乏对“全面性教育”概念的关注。国务院发布的《中国儿童发展纲要（2011—2020年)》《“健康中国2030”规划纲要》均未明确提出全面性教育的

① 张蕾，庞丽华，雷蕾，等. 中国未婚流动青少年性与生殖健康服务利用的支持性环境改善路径研究［J］. 人口与发展，2016，22（1）：49－59.

② 郑晓瑛，陈功，韩优莉，等. 中国青少年生殖健康可及性调查基础数据报告［J］. 人口与发展，2010，16（3）：2－16.

概念，只涉及“性与生殖健康教育”和“性教育、性健康和性安全宣传和教育”。实际上，中国实施的性教育还远远不够全面。全面性教育涵盖关系、价值观、权利、文化与性、社会性别、暴力和安全保障等。目前中国青年性教育的内容通常仅限于性别教育、青春期教育和性生理学[①,②]。

第二个障碍是政策执行不到位，这可能是由缺乏资源造成的。例如，尽管教育部规定，性教育应纳入健康教育的框架内，以“体育与健康”为名，每学期应安排6～7个课时。但实际上，几乎没有专门用于性教育的课程，上课时间得不到保证。除主观上对性教育的关注不够外，客观原因还包括过分强调主课的学业表现、缺乏系统的教学资源，如统一的教科书和受过专业培训的教师。

普及亲青服务最大的障碍是政府政策支持不足，缺乏相关的财政支持。中国政府只要求在二级和三级母婴保健机构中建立青年青春期门诊，但对面向最基层青年的初级妇幼保健机构却没有这样的要求。

6.2.3 在建设青年公民参与公共生活的能力方面仍然存在挑战

中国有一些青年领导力发展项目。例如，2018年，联合国人口基金在上海启动了“一带一路”青年领导力项目，以建设年轻人在领导力和青年健康方面的能力为目的，并加深他们对全球发展问题的理解。[③] 总的来说，旨在提高青年人参与公共生活的能力。此外，增强青年人的性与生殖健康能力还需要更多的关注。

① 玛丽斯特普国际组织，清华大学公共健康研究中心．中学生性与生殖健康教育课程（你我伙伴）随机对照实验［R］．2018．

② 张文静，马迎华，高迪思，等．中国部分省市大学生性教育现状与性行为影响因素分析［J］．中国学校卫生，2018，39（6）：20－23．

③ UNFPA. UNFPA launched “One Belt, One Road” Youth Leadership Program in Shanghai［R］. 2018.

6.3 中国在青年发展，特别是性与生殖健康领域的筹资状况

在中国，青年性与生殖健康服务的旗舰项目是中国计划生育协会、联合国人口基金以及国内外其他组织和机构合作设立的青春健康项目。青春健康项目主要通过中国青年网络实施，旨在为中国 10 ~ 24 岁的青年提供全面的性与生殖健康教育。到 2019 年，中国青年网络已成为性与生殖健康领域内推动青年参与的重要力量。截至 2018 年年底，青春健康项目已覆盖中国 31 个省（自治区、直辖市），在 500 多所高校开展活动，每年有 200 多万大学生参加同伴教育和宣传倡导活动。全国各地已经建立了 1 000 多个“青春健康”俱乐部，为基层青年提供性与生殖健康教育、信息、咨询和服务①。从资金上看，2014—2018 年，省级青春健康资金投入达 4 107. 1 万元，地级资金达 2 887 万元，县/区级资金达 6 145. 1 万元，支持项目平稳实施。

在中国青年性与生殖健康项目的实施过程中，世界卫生组织、联合国人口基金、玛丽斯特普等国际组织发挥了重要的作用。例如，由玛丽斯特普中国代表处发起，在中国人口福利基金会下成立的专项公募基金“你我健康青春基金”在 2018 年累计支出 1 256 257. 4 元，开展了“你我行动：2018 性教育小额资助项目”“青年长效可逆避孕方法专项研究”“青年长效可逆避孕方法促进公益计划”等专门项目②。中国人口福利基金会、广东省绿芽乡村妇女发展基金会、云南省健康与发展研究会等国内的非政府组织也都持续关注青年性与生殖健康。以深圳市青杏文化发展有限公司为代表的社会企业从性教育出发，为青年发展提供资金和项目支持。在国际和国内相关政府机构和非政府组织的共同努力下，青年性与生殖健康项目的资助和开展显示出较大的发展活力。

① 田晓航. 中国计生协青春健康项目覆盖 500 多所高校 [EB/OL]. [2018 - 11 - 30].

② 中国人口福利基金会. 你我健康青春基金 2018 年第一、二、三、四季度报告 [R]. 2018.

第7章 不让一个人掉队

7.1 高度相关议题

基于前几章的循证分析，考虑中国未来5年可能发生的变化，建议以下几个问题作为优先议题。每个议题下受影响的群体都不均衡，因此需要对那些受影响最大的群体给予特别关注。

（1）相对贫困和城市贫困家庭。虽然中国提出到2020年消除绝对贫困，但减贫是一个动态过程，今后应持续关注脱贫后收入仍在贫困线附近的家庭和存在返贫风险的农村家庭。同时，相对贫困人口包括城市贫困人口，将逐步成为减贫的重点目标。缩小收入差距、缓解分配不公是更为严峻的挑战。在贫困人口中，老年人的比重相对较高。根据中国家庭金融调查数据，2016年全国60岁及以上老年人中每天生活费支出在1.9美元以下的约占4.29%，而非老年人口中这一比例为3.63%，人口老龄化将使这一问题更为突出[①]。

（2）人口老龄化和大规模的人口流动。老龄化和城镇化交织是当前中国人口发展的突出特征，老年人口也面临双重风险。随着年轻人更多地选择离开农村进入城市，越来越多的老年人留在农村的空巢家庭。城市对流动人口落户的限制导致留守儿童和随迁儿童的健康成长面临着困难。此外，人口老龄化也加重了部分0～3岁儿童家庭的抚养困境，随着生育年龄越来越晚，很多城市家庭同时迎来出生的子女和进入老年

① 李实．中国农村老年贫困：挑战与机遇［J］．社会治理，2019（6）：17－20.

的父母，短期内这一问题很难得到有效解决[①]。

（3）性别偏好和性别比失衡。重男轻女的社会观念仍难消除，30多年性别比严重失衡的后果在部分农村地区逐步凸显。不断出现的针对妇女的家庭暴力行为，警示着我们真正实现性别平等任重道远。

（4）避孕节育方法发生转变。随着生育政策放宽，长效避孕方法使用率迅速下降，有效性低的短效方法的使用率迅速上升。由于已婚育龄妇女不能坚持和正确使用短效避孕措施，使得非意愿妊娠增加。

（5）区域发展的不平衡。中国城乡和地区之间发展水平依然存在较大差距，2018 年城市居民可支配收入是农村的 2. 69 倍，浙江省居民可支配收入是甘肃省的 2. 62 倍；甘肃省内城乡差距更为突出，城乡居民收入比达到 3. 40。

（6）残障是一个明显的脆弱维度。中国残疾人口达 8 500 万，其中 1 500 万以上残疾人生活在国家贫困线以下，占贫困人口总数的 12%以上。

7. 2　这些议题影响最大的群体

（1）老年人——空巢老年人、高龄老年人、失能失智老年人。空巢老年人家庭的数量不断增加，高龄老年人的数量不断增加，老年人养老服务需求，尤其是失能失智老年人的养老照料需求等将成为今后一段时期的重要挑战之一。

（2）儿童——留守儿童、流动儿童及 0 ~ 3 岁儿童家庭。2018 年中国留守儿童仍有 697 万人[②]，同时还有更多的流动儿童，需要进一步完善基本公共服务体系，加大对留守儿童和流动人口中儿童的卫生保健、

① 杨菊华. 新时代幼有所育何以实现［J］. 江苏行政学院学报，2019（1）：69 - 76.

② 数据来源：民政部 2018 年农村留守儿童数据。

教育和法律保护，为困境儿童[①]、农村留守儿童等提供临时监护照料。留守儿童更加缺乏必要的性与生殖健康教育及相关支持，性与生殖健康相关知识知晓率低，自律能力较弱，容易出现行为偏差。建立留守儿童信息数据库，调查留守儿童健康状况，包括性与生殖健康状况，以便有针对性地、预防性地解决问题。此外，目前中国0～3岁儿童托育服务需求不断增长，而托育服务供给资源严重不足，增加托育服务有效供给是当前公共服务建设的紧迫任务。

（3）在性别平等方面，有两个群体需要特别关注。一是受性别比失衡影响的群体。性别比失衡带来的女性缺失和男性失婚现象在部分农村地区较为突出，有可能带来一定的社会失范行为，应该引起关注并及早应对。二是面临家庭暴力的女性。保护女性远离家庭暴力，一方面要强化相关法律的实施；另一方面要加大宣传，提高全体公民的思想认识，提高女性的维权意识，同时还要建立反家庭暴力的社会支持体系。

（4）流动人口。农民工免费获得服务的机会不足，服务不能满足需求。尽管在2006—2013年能够报销分娩费用的流动妇女比例有所提升，但仍有超过40%的流动妇女自己承担了全部分娩费用（见图7－1）。流动人口的教育水平较低，他们的识字率和医疗保健意识有待提高。因此，应进一步改善免费服务，降低门槛和获取难度，简化程序，确保数量和质量，并向流动人口提供符合其需求的服务。

（5）残疾人。残疾人的性需求被忽略，他们的性与生殖健康权利得不到保障。缺乏性知识使残疾青年更容易受到性侵犯，性侵犯案件的主要结果是极有可能发生性与生殖健康问题。在一些国内法院处理的强奸案中，有超过五分之一涉及智障人士[②]。因此，需要制定改善保障残

① 《国务院关于加强困境儿童保障工作的意见》中指出“困境儿童包括因家庭贫困导致生活、就医、就学等困难的儿童，因自身残疾导致康复、照料、护理和社会融入等困难的儿童，以及因家庭监护缺失或监护不当遭受虐待、遗弃、意外伤害、不法侵害等导致人身安全受到威胁或侵害的儿童”。

② 万幸，余小鸣．国内外残疾青少年性与生殖健康研究进展［J］．中国性科学，2016，25（1）：126－129.

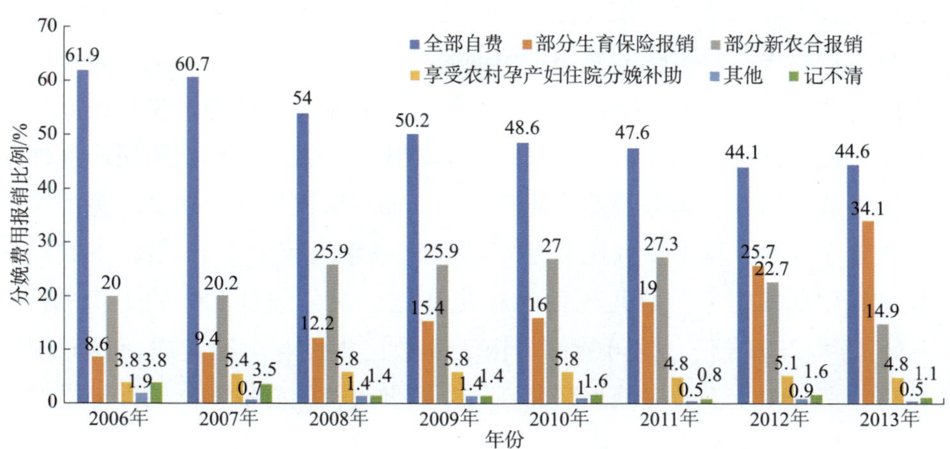

图 7－1　2006—2013 年分娩费用报销比例构成

数据来源：宋月萍．顾此失彼的童年：流动人口子女的成长发展研究［M］．北京：社会科学文献出版社，2018：164．

疾人权利的法律法规，并紧急建立无障碍支持系统。同时，有必要加强宣传，提高社会对残疾人权利的认识，创造一个充分尊重残疾人的社会环境。

（6）农村人口。与城市人口相比，农村人口缺乏性知识和生殖知识。由性别比例失衡带来的男性失婚现象，在部分农村地区较为突出，有可能对社会稳定带来一定影响，应该引起关注和及时应对。

（7）校外青年。未接受教育或辍学的人很难接受性教育。实际上，由于没有针对校外青年的政策和实施性教育的措施，因此校内和校外青年之间在实施性教育方面存在差异。校外青年人口不容忽视。根据《2015 年中国青少年人口状况：事实与数据》，约有 1 900 万 10～19 岁的校外年轻人①。

（8）少数民族人口。少数民族人口面临着更高的性与生殖健康风险。一方面，少数民族青年的结婚率很高，其 19 岁的结婚率高达 15%，高于贫困地区（11%）和农村地区（9.8%）；另一方面，少数

---

① 联合国儿童基金会，联合国人口基金．2015 年中国青少年人口状况：事实与数据［R］．2018．

民族女孩的妊娠率往往较高，这可能与其民族传统有关。因此，有必要在少数民族中提供更多的性与生殖健康教育，以提高他们的认识，减少危险行为，并使他们能够在需要时获得帮助和服务。此外，少数民族性与生殖服务的覆盖不全面。与汉族妇女相比，少数民族妇女使用产前保健服务或在医疗机构分娩的可能性较小，而少数民族儿童接受的免疫服务也低于汉族儿童。少数民族孕产妇死亡率是汉族的 2.16 倍，少数民族的新生儿死亡率、婴儿死亡率和儿童死亡率分别是汉族的 1.45 倍、1.68 倍和 2.02 倍①。这可能部分由于少数民族性与生殖健康保健意识低下，部分由于少数民族地区的性与生殖健康机构受成本制约，提供的服务范围与覆盖的人群有限，不能满足当地居民对性与生殖健康服务的需求。因此，有必要提升少数民族聚居地区生殖健康机构的服务能力，或建立更多的服务机构，同时加强健康教育，提高他们的自我保健意识。

（9）性少数群体年轻人。性少数群体的年轻人由于其性取向或身份而更容易遭受网络欺凌。在中国大陆，对年轻的男女同性恋者、双性恋者与跨性别者的研究很少。为了减少网络欺凌，针对这一人群的社交网络应运而生。令人惊讶的是，这些旨在减少欺凌和歧视的在线平台反而加剧了网络欺凌行为。

（10）男男性行为的年轻人。由于中国缺乏全面的性教育，年轻人通过网络媒体获得的性与生殖健康知识常常不完整，甚至具有误导性。即使具备一些性与生殖健康知识，与男人发生性关系的年轻男子仍然难以将知识转化为行为改变。带有地理定位信息的同性恋社交网络应用程序极大地促进了交友。青年男男性行为人群中艾滋病病毒/艾滋病的发病率迅速上升，这对所有性别的艾滋病病毒/艾滋病发病率构成了挑战。由于传统的社会规范对性少数群体的偏见以及对同性恋婚姻的法律缺乏认可，迫使一些年轻的男男性接触者结成异性婚姻。男男性行为者的妻

---

① Huang Y, Shallcross D, Pi L, et al. Ethnicity and maternal and child health outcomes and service coverage in western China: a systematic review and meta－analysis [J]. *The Lancet Global Health*, 2017: S2214109X1730445X.

子更有可能从其丈夫那里感染艾滋病病毒[1]。

值得注意的是，弱势群体往往面临着多重脆弱性。多重脆弱性相互交织又会加剧其脆弱性，从而将弱势群体推向更加边缘化的位置。

① Li Xiufang, Zhang Beichuan, Wang Juan, et al. Sexual health status of women who have regular sexual relations with men who have sex with men in mainland China [J]. *BMC Public Health*, 2017, 17 (1): 168.

第8章 南南合作

8.1 南南合作现状

中国在人口与发展领域积极推进南北合作和南南合作。中国积极落实联合国成立70周年系列峰会、中非合作论坛约翰内斯堡峰会、第71届联大系列高级别会议等重大国际会议期间宣布的务实合作举措，为发展中国家实现千年发展目标和可持续发展目标提供力所能及的支持和帮助。2015年1月1日起，中国正式实施给予与中国建交的最不发达国家97%税目产品零关税待遇措施。中国先后6次宣布无条件免除重债穷国和最不发达国家对华到期政府无息贷款债务，金额共计300亿元人民币。2016年全年中国政府援助实施各类工程及物资项目近250个，派出管理技术人员、医疗队员和志愿者等各类援外专家约5 000人次，惠及156个国家和地区及国际组织[①]。成功推动二十国集团领导人杭州峰会通过《二十国集团落实2030年可持续发展议程行动计划》，首次将发展问题置于全球宏观政策框架的突出位置；在纽约联合国总部举办南南合作圆桌会、可持续发展目标座谈会，推动落实《2030年可持续发展议程》全球伙伴关系；参加联合国首轮国别自愿陈述、推动联合国《2030年可持续发展议程》创新示范区建设，为全球落实联合国《2030年可持续发展议程》贡献中国智慧，提出中国方案。

中国积极分享减贫经验，国际减贫合作不断深化。充分发挥中国国际扶贫中心等国际减贫经验交流平台的作用，积极通过“减贫与发展

① 中国外交部. 中国落实2030年可持续发展议程进展报告［R］. 2017.

高层论坛”“中国—东盟社会发展与减贫论坛”“中非减贫与发展会议”等机制，以及在中非合作论坛框架内举办中非减贫发展高端对话会暨智库论坛，分享中国减贫理念和经验。截至 2016 年年底，与 100 多个国家的 2 500 多名减贫工作者分享中国减贫经验。同时与坦桑尼亚、老挝、柬埔寨、缅甸等国家共建减贫合作示范点，务实合作不断深化。

中国加强教育国际合作，促进其他发展中国家教育事业发展。中国实施《推进共建“一带一路”教育行动》，每年向“一带一路”沿线国家提供 1 万个政府奖学金新生名额。截至 2016 年年底，中国已在全球设立 30 个中国文化中心，其中在“一带一路”沿线国家设立 11 个中国文化中心，新建一批孔子学院。截至 2017 年 5 月，中国已与 47 个国家和地区签署了高等教育学位学历互认协议，其中“一带一路”沿线国家 25 个。2016 年，在华学习的享受中国政府奖学金的发展中国家留学生人数达到 37 202 人，同比增长近 20%。同时，中国还为其他发展中国家提供学历学位教育名额，加大职业培训、信息通信技术、工程、科学等领域的培训力度，提供各类短期教育培训，为其他发展中国家教育发展能力建设做出积极贡献。

结合中国人口与发展研究中心和联合国人口基金的工作领域，下面重点介绍相关领域的南南合作。

8.1.1　人口与发展/妇女发展领域

中国对外援助和国际合作源远流长。近年来，随着中国社会经济的持续发展，国际上对中国发展经验的兴趣日增，中国也加大了对南南合作的支持力度，相继出台了一系列重大举措，如丝路基金、亚洲基础设施投资银行等。在此背景下，中国在人口与发展、卫生和妇女发展领域的国际和南南合作迎来了新的发展。

2017 年 5 月由国家卫生健康委和联合国人口基金共同成立的人口与发展南南合作卓越中心（以下简称卓越中心）是一个重要的标志性事件。卓越中心设在中国人口与发展研究中心。在过去的几年中，卓越中心逐渐发展成中国在人口与发展领域对外和南南合作的一个重要平台，并持续举办了两个活动：一是中非人口与发展会议，第一次会议于

2017 年在非洲国家肯尼亚，第二次会议于 2018 年在中国，第三次会议于 2019 年在非洲国家加纳，第四次会议于 2020 年在中国举行；二是举办面向发展中国家的人口数据收集、分析和使用培训班，第一次培训于 2018 年举行，第二次培训于 2019 年 10 月举行。这些活动的持续开展，使卓越中心更有可能在中国人口与发展南南合作中发挥更大作用。

由中国人口与发展研究中心、北京大学人口研究所、联合国人口基金驻华代表处等倡议发起的“‘一带一路’人口与发展研究联盟”是另一个有重要潜力的南南合作平台。2018 年召开了第一届亚洲发展中国家人口与发展会议。受这次会议成功的启发，2019 年在第二届亚洲发展中国家人口与发展会议期间成立了这一研究联盟，目前拥有来自七个国家的成员——孟加拉国、泰国、越南、中国、斯里兰卡、印度、巴基斯坦，与中国对外合作的主要方向高度契合。这一联盟目前主办的活动主要有每年一次的“亚洲发展中国家人口与发展会议”，如果能够开展更多实质性的活动，它同样将发挥更大的作用。

数据议题是中国到目前为止在人口与发展领域国际合作和南南合作最多和最成功的议题。一方面是因为数据是中国人口红利经验的重要组成部分；另一方面是因为中国具有完备的数据收集、预测、分析、发布和以数据支持决策的“数据链条”，可为广大的发展中国家提供一个良好的观察和学习范例。基于上述提到的南南合作平台，中国已经开展部分南南合作活动。

中国不断加大多领域、全方位国际交流合作，积极促进妇女健康、教育、经济、减贫、环境等领域发展。党的十八大以来，持续开展妇女发展援助项目，支持和帮助广大发展中国家妇女减贫、增加就业、改善民生。连续四年向联合国妇女署捐款，为联合国推动性别平等和促进妇女发展提供支持①。落实援助发展中国家促进妇女发展的承诺，2015—2020 年，帮助发展中国家实施 100 个“快乐校园工程”和 100 个“妇幼健康工程”，邀请 3 万名妇女来华参加培训，在当地培训 10 万名女性职业技术人员。在 13 个国家建立中外妇女培训（交流）中心，向“一

① 国务院新闻办公室．平等 发展 共享：新中国 70 年妇女事业的发展与进步．2019.

带一路”共建国家提供小额物资援助，帮助当地妇女改善生产生活条件，加强能力建设。2015 年以来，全国妇联为 98 个国家培训了 2 000 多名妇女骨干。

8.1.2　卫生领域

近年来，中国持续推进全球卫生合作，包括在性与生殖健康领域的国际合作，为其他发展中国家提高抵御卫生风险的能力提供助力。中国和非盟、东盟、太平洋岛国、“一带一路”沿线等国家和地区展开了广泛的国际合作。

就具体项目而言，2015 年 9 月，中国国家主席习近平在全球妇女峰会上宣布，未来 5 年中国将帮助发展中国家实施 100 个“妇幼健康工程”，派遣医疗专家小组开展巡医活动。“妇幼健康工程”对提升发展中国家性与生殖健康水平有重要意义。100 个“妇幼健康工程”会在中国新型的卫生发展援助体系框架中进行。该项目既支持有效干预措施，也支持干预所需必要条件，在撒哈拉以南的非洲国家具有普遍适用性。受援国可根据实际需要和能力，搭配挑选适宜内容。

从财政层面分析，目前中国性与生殖健康领域的南南合作项目的开展主要由国家卫生健康委和中国计划生育协会负责，国家卫生健康委财务司公布的每年各项支出决算表中尚未划拨专门的经费用于性与生殖健康的南南合作。

8.1.3　青年发展领域

中国和其他发展中国家合作，加强青年间的交往，培养青年的领导力，促进青年发展。在《共建“一带一路”，开创美好未来——第二届“一带一路”国际合作高峰论坛圆桌峰会联合公报》《澜沧江—湄公河合作五年行动计划（2018—2022）》中都提出了要推动青年交流[①,②]。中非青年减贫与发展交流项目（2016 年），为中非青年在国际发展领域

---

① 新华社．共建“一带一路”，开创美好未来——第二届“一带一路”国际合作高峰论坛圆桌峰会联合公报［EB/OL］．［2019－4－27］．

② 中华人民共和国外交部．澜沧江—湄公河合作五年行动计划（2018—2022）．2018．

的合作搭建了友好桥梁，有助于加强中非青年关于国际发展合作的经验交流，培养青年领袖，提高非洲在国际事务中的地位和作用，增强中非合作共赢、共同发展的共识[①]。在各方面赋权非洲青年：首先是创业创新，在“中非科技伙伴计划2.0”框架下，实施“国际青年创新创业计划”（“藤蔓计划”），举办“非洲青年科技人员创新中国行”活动（2019年5月，包括埃及、南非、肯尼亚、埃塞俄比亚、坦桑尼亚、尼日利亚等18个非洲国家）[②]。其次是农业方面，为了培养青年农业科研领军人才和农民致富带头人，中国向非洲派遣500名高级农业专家，传授推广农业实用技术，促进乡村振兴国际交流合作。再次是职业技能培训，在中非合作论坛北京峰会（2018年）“八大行动”中提出将要在非洲设立10个“鲁班工坊”。“鲁班工坊”的成功经验来自中国和泰国的合作。2016年，天津渤海职业技术学院在泰国建成中国首个境外“鲁班工坊”。2018年，在印度建成了“鲁班工坊”。以“鲁班工坊”培养“一带一路”沿线国家的职业技术青年人才，服务当地经济发展[③]。最后是领导力培训，在中非合作论坛北京峰会“八大行动”（2018年）中提出实施头雁计划，为非洲培训1 000名精英人才；2019—2021年，将为非洲提供5万个中国政府奖学金名额、5万个研修培训名额，并邀请2 000名非洲青年来华交流[④]。

此外，中国还与其他发展中国家合作，促进青年性与生殖健康，目前开展的工作有以下几项。

（1）中蒙合作：中国和蒙古国于2017年开展了以增进中蒙青年友谊为目标，以增强青年生殖健康意识，减少性病、艾滋病感染为主题的

① 中国发展门户网.“首届中非青年减贫与发展交流项目”在海口开幕[EB/OL].[2016-12-19].

② 中国科学技术部.“非洲青年科技人员创新中国行”活动在京拉开帷幕[EB/OL].[2019-5-21].

③ 新华社.中国“鲁班工坊”开启“一带一路”职业教育新风潮[EB/OL].[2019-8-13].

④ 中华人民共和国商务部.中非合作论坛北京峰会“八大行动”内容解读[EB/OL].[2018-9-19].

“2017 中蒙友谊青春健康夏令营”[①]。

（2）中柬合作：2018 年 6 月，“一带一路”中柬友谊青春健康训练营在柬埔寨启动[②]。

（3）中非合作：根据《中非民间友好伙伴计划（2018—2020）》，中国计划生育协会将负责“中非携手为爱同行”项目，资助 2 ~ 5 个国家，用于青年生殖健康、艾滋病防治和孕产妇保健项目[③]。

8.2　南南合作面临的挑战和机遇

从国际层面看，和平与发展仍然是时代的主题，各国相互联系、相互依存程度日益加深，休戚与共的人类命运共同体意识不断增强。世界新一轮科技革命和产业变革孕育兴起，涌现出一大批引领性、颠覆性的新技术、新工具、新材料，有力推动着新经济成长和传统产业升级。南北合作和南南合作进入新阶段，以中国等新兴市场国家为代表的发展中国家整体实力不断增强，对国际事务的影响力显著提升，全面参与全球治理和国际发展合作面临新机遇。

中国南南合作面临的挑战主要来源于操作和落实层面：

（1）在中国加大对南南合作投入和支持力度的背景下，如何将人口与发展有关的议题更好和更高地纳入中国国际合作，尤其是纳入南南合作的议程中。

（2）如何加强人口与发展领域南南合作的顶层设计，增加相关活动的系统性。

（3）如何加强对国际人口与发展动态的把握，加深对发展中国家人口与发展状况的了解，以进一步明确南南合作的优先议题。

（4）如何寻找合适的南南合作伙伴国，使得中国人口与发展、生

---

① 中国计划生育协会．“2017 中蒙友谊青春健康夏令营”开营仪式在内蒙古举办［EB/OL］．［2017 -9 -4］．

② 中国计划生育协会．“一带一路”中柬友谊青春健康训练营在柬埔寨启动［EB/OL］．［2018 -7 -2］．

③ 人民网 - 中国共产党新闻网．中非民间友好伙伴计划（2018—2020）发布［EB/OL］．［2018 -7 -24］．

殖健康和性别平等方面的经验能够更好地对接伙伴国的国情和发展战略。

（5）如何寻找有能力的技术支持机构，为南南合作相关活动提供优质的技术支持，从而确保合作能达到预期的产出，惠及受援国的人民。

第9章 建 议

中国应结合联合国人口基金的工作领域以及中国人口与发展研究中心的发展远景，加强两个机构的合作。

9.1 支持中国解决自身发展进程中的未完日程和新兴议题

中国应该加强合作，开展政策研究和政策对话。由于发展的不平衡，应加大对相对欠发达地区和弱势群体的研究与干预。

9.1.1 人口与发展领域

在人口与发展领域，加强细分数据收集和分析，更好地把握未来人口趋势，应对人口与发展方面的新兴议题。

加强数据分析、形势判断和政策创新，应对中国日趋复杂的人口动态变化。中国人口正处于从正增长向负增长转折的时期，人口政策也面临是否调整及如何调整的选择。但这一政策选择依然存在较大的争议，人们对人口变动趋势的判断并不一致，甚至存在较大差异；对人口变动的经济社会后果也存在较多的分歧。2020 年第七次人口普查为人口形势分析提供更被广泛认同的数据基础，从而推动形成人口政策的社会共识。无论是联合国人口基金，还是中国人口与发展研究中心，都在人口数据挖掘和应用方面具有相当大的优势，并开展了长期的合作。今后五年，可以通过技术支持提高人口普查的科学性和规范性；发挥专家资源和第三方评估优势，组织开展以政策需求为导向的人口形势及影响研究，为中国人口决策提供智力支持。

积极应对人口老龄化，共同拓展新的合作领域。老龄化社会对世界而言是一个全新的概念，即便发达国家也处在探索之中。联合国人口基金与中国在应对人口老龄化领域进行了长期合作，特别是在推动建立和完善养老服务体系和社会保障体系方面发挥了积极作用。随着中国人口老龄化不断加快，应对人口老龄化需要面临更多新的领域。中国将进一步加强顶层设计，实施应对人口老龄化的中长期发展规划，联合国人口基金可以发挥自身优势，在建立长期照护保障制度、推动医养结合、培育银发产业、发展劳动力替代及增强技术、老年健康科技和辅助技术开发等领域，寻求双方政策需求的结合点。中国人口与发展研究中心可以加强老龄相关的研究与数据收集，更好地服务于老龄决策。

促进城乡融合发展，从城镇化视角转向城乡一体化视角。中国城镇人口比重已接近60%，已经成为典型的城市社会。中国人口流动仍将以乡城流动为主，但逐步趋于城乡均衡。在微观领域，应更多关注城乡人口的双向流动，重视流动人口的社会融入，完善社会治理体系，实现政府治理和社会调节、居民自治良性互动。在宏观领域，应更多关注城市功能的完善，通过城市群、中小城市和小城镇建设优化城市布局，努力打造和谐宜居、富有活力、各具特色的城市。

改进中国国家人口数据系统，加强细分数据的收集。高质量的细分数据有助于明确弱势人群，为普及公共服务，尤其是性和生殖健康服务（包括在人道主义危机期间）以及实现可持续发展目标提供支持。具体的工作包括：

（1）人口数据的收集，包括人道主义环境中人口数据的收集。

（2）进一步整合和验证数据，明确中国实现可持续发展目标和《国际人口与发展会议行动纲领》各项指标上的差距。

（3）开展创新数据收集、整合和分析工作，包括使用大数据技术。

9.1.2 性与生殖健康领域

在性与生殖健康领域，提高综合性的性与生殖健康服务的利用。

9.1.2.1 能力建设

（1）在贫困地区与边远地区开展性与生殖健康服务人员的权利保

护与计划生育服务培训班，提高相关从业人员的权利意识以及服务过程中的权利保护能力。

（2）加强卫生工作者尤其是助产士提供优质和综合性的性和生殖健康服务（包括在人道主义环境中）的能力。

（3）加强性与生殖健康产品的需求预测、采购与分发监测工作。

9.1.2.2 制度建设

（1）进一步完善计划生育相关政策。

（2）研究机构、国际组织应针对中国性与生殖健康医疗花费中居民尤其是青年自付比例较高的情况，应加强相关研究，倡导政府建立稳定的筹资机制，提高针对性与生殖健康领域的报销比例。

（3）在全民健康覆盖的政策倡导下，研究机构、国际组织可以将全球各国保障性与生殖健康筹资的经验介绍给中国，协助中国建立稳定针对性与生殖健康的筹资机制。

（4）研究机构、国际组织应支持民间团体，尤其是妇女和青年广泛参与到国家卫生计划的制订、审查和监督过程中。

9.1.3 性别平等方面

在性别平等方面，以消除针对妇女的家庭暴力为核心，支持持续打造、改善男女平等的社会氛围。

（1）持续改善男女平等的社会氛围。性别偏好是一种传统观念，需要付出长期的努力才能得到改变。建议研究机构、国际组织与相关政府部门、社会组织、媒体机构，特别是新媒体等开展合作，一方面，推动制定具有社会性别意识的文化和传媒政策，创新男女平等理念宣传方式，逐步消除对妇女的偏见、歧视以及贬抑妇女的社会观念；另一方面，在社区层面开展试点行动，探索建立多方参与的反家庭暴力社会支持体系，保护女性远离家庭暴力。

（2）推动落实男女同工同酬。消除就业歧视是一个世界难题，建议联合国人口基金从支持开展薪酬评估制度研究入手，与相关行业管理部门或行业协会合作，开展薪酬评估试点，推动建立健全科学合理的工资收入分配制度，切实保障男女同工同酬。

（3）推动工作、家庭平衡。有利于职工平衡工作与家庭关系的制度安排，一方面要保障职工相关的假期、津贴等待遇，另一方面还应考虑企业的利益补偿。中国女性具有较高的劳动力参与率，同时还承担着繁重的家务劳动，对于工作、家庭平衡的需求尤为急迫。

9.1.4 青年发展方面

在青年发展方面，支持制定和健全相应的青年生殖健康服务规范和管理制度，提高青年友好服务的可及性和质量，保障青年的生殖健康权利。

大力拓展和加强青年友好服务，解决他们尚未满足的避孕服务需求，提倡计划生育免费服务全面覆盖未婚青年。建议建立专门的青年保健服务机构，制定国家层面的青年友好生殖健康服务指南和高质量的青年友好生殖健康服务框架。特别关注面向弱势群体的青年友好服务，如流动青年、少数民族青年和性少数群体，应根据他们的需要量身定制性与生殖健康服务。未婚青年也应当从免费的计划生育服务中获益，并有同等机会获得关于流产服务可及性与可靠性的明确信息。

开展创新的社交媒体活动，提供具有当地文化特色的、科学的、正确的性与生殖健康信息。倡导开发循证及基于权利的青年政策及项目，并倡导加大对青年的投资，赋权青年采取行动，帮助青年参与关乎自身的决策，加强他们推动青年性与生殖健康及其权利的能力。

加大全面性教育的推广和实行力度。全面性教育项目在促进安全性行为方面的作用是显著的，并且已经获得了认可。在国家政策中应纳入这些要素，培养机构开展全面性教育的能力并在全国范围内实施全面性教育，使中国青年在性健康方面能够做出更加明智、负责的决定。

有效预防针对青年的性暴力，并减轻其负面影响。应当采取一系列预防措施，开展项目，加强青年自我保护意识及能力，使青年能够有效开展自我保护，免受暴力侵害，并建立向受害者提供咨询救助的绿色通道，提供有效和富有同情心的持续支持服务，以减轻其遭受的创伤以及给身体和心理带来的伤害。

加大遏制与防治在青年男性，尤其是男男性行为群体中的性传播感染、性传播疾病和艾滋病的力度。建议联合国人口基金在中国引入国际上减少青年男性，尤其是男男性行为群体中的最佳案例和政策实践。例如，在中国倡导采取诸如艾滋病暴露前预防（PrEP）等新型控制艾滋病传播的政策实践。出台青年遏制与防治性病、艾滋病的统筹策略框架及其细化政策，提高青年艾滋病和其他性病有关方案和干预措施的有效性。

9.2 支持中国开展国际和南南合作

中国在过去四十年中发展成为当今世界的第二大经济体，在这一过程中中国从人口与发展的角度经历了完整的人口转变，并采取了众多的政策措施来应对出现的各种重大挑战。人口与发展领域的中国经验对正在或即将要经历人口转变的发展中国家具有特别重要的意义。

考虑到联合国人口基金在中国过去四十年与政府机构、非政府机构合作所形成的比较优势以及开展国际合作、南南合作的经验，结合中国人口与发展研究中心已有的研究和合作平台，提供以下参考性建议：

（1）在合作内容方面，以中国人口红利为抓手，系统梳理中国在减贫、人口与发展、卫生与健康（尤其是生殖健康与生殖权利，包括计划生育）、性别平等、教育、就业、数据支持决策等方面的经验，支持开展国际和南南合作。需要强调的是，中国的许多政策措施是基于中国特殊的国情、体制、文化等制定的，因此对中国经验的研究要回答中国成功背后的支持因素，避免单纯的现象描述。

（2）在合作机制方面，需要建立国际交流平台和合作机制，促进相互了解，奠定合作基础。在国内，要充分发挥已成立的人口与发展南南合作卓越中心作为致力于南南合作平台的潜力，动员广泛的国内机构的参与，以中国人口学界的力量，支撑开展多学科的合作；在国外，南南合作要尽可能发挥国际机构，尤其是联合国人口基金这样多边机构的优势，借助其全球网络和专业能力，通过国际/三方合作的方式提升中国的南南合作水平。中国在人口与发展方面的南南合作应该以能力建设和知识传授为重点，致力于建设固定的合作机制，如固定的中非人口与发展论坛、能力建设（短期培训及学位培训相结合）、访问交流等。

（3）充分挖掘中国成立的中国国际发展合作署所可能带来的机会。这一机构在中国国际与南南合作中发挥了重要作用。建议联合国人口基金建立联系，密切关注相关工作进展，并与在华伙伴一起，共同倡导将人口与发展议题纳入南南合作，获得更多的政策与资金支持，与更多的发展中国家开展实质的南南合作项目。

中国在联合国人口基金的工作领域中尚面临多个未完或新兴议题，因此，中国的国际和南南合作同样应该包括引进国际先进经验，在国内开展改革试点或进行能力建设，推动中国相关领域发展的内容。基于前面的分析，可能的议题包括：

（1）先行老龄化国家应对人口老龄化的经验和教训，如日本的银发产业、德国的长期照护等。

（2）部分国家促进性别平等的经验，如瑞典的同工同酬政策、工作家庭平衡政策等。

（3）世界主要城市群的人口发展规律，如东京、伦敦、纽约等，以及墨西哥、里约热内卢等。

（4）部分国家开展青年性教育和亲青服务的经验。

Overview of the Social-economic and Political Situation in China

China government attaches the great importance to the implementation of *the 2030 Agenda for Sustainable Development* and integrate it with the implementation of the *National 13th Five – Year Plan for Economic and Social Development of the People's Republic of China* as well as other medium and long term development plans and strategies. In September 2016, China government had issued the *National Plan for Implementation of the 2030 Agenda for Sustainable Development* to promote economic, political, cultural social and ecological progress, adhering to the development concepts of innovation, coordination, greenness, openness and sharing, and focusing on the strategic connection, institutional guarantee, social mobilization, resource input, risk prevention and control, international cooperation, supervision and evaluation. China government has also set a target to eradicate extreme poverty and achieve Xiaokang (moderately prosperous society) by 2020, and has set a longer term development goal of realizing socialist modernization by 2035, and becoming a great modern socialist country by 2050. China has become an upper-middle-income country in 2019, and if the current growth momentum continues, China is expected to join the ranks of high-income countries around 2025. However, with the Chinese economy entering into a "new normal", China will face significant pressures to maintain sustained, stable and healthy economic growth, and it will have much work to do on the alleviating poverty, improving public well-being, reducing disparities between urban and rural areas and across regions, and catching up in environmental construction. As such, China will have to face a series of challenges in order to smoothly cross the middle income trap.

(1) Scale of the Chinese economy in the world keeps expanding. In 2010, China's Gross Domestic Product (GDP) attained RMB 41.04 trillion, making China as the second-largest economy in the world, accounting for about 9.15% of the world economy. In 2018, the figure further grew to RMB 91.52 trillion, accounting for nearly 15.86% of the world economy (see Fig. 1-1)①.

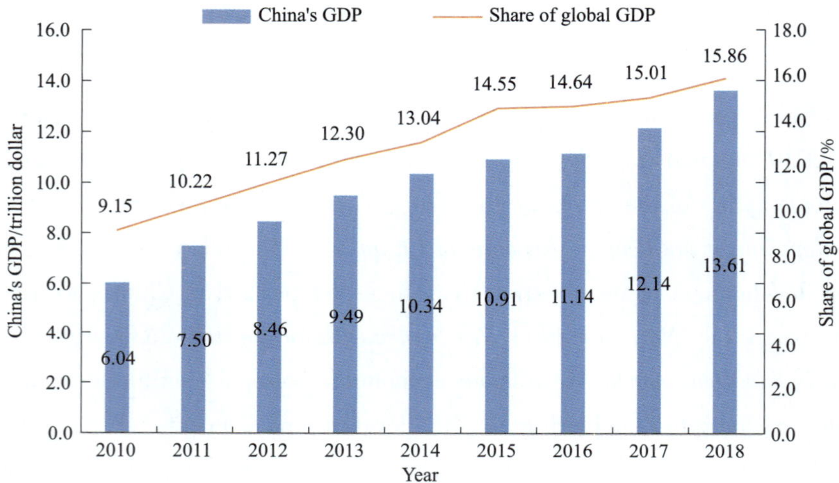

Fig. 1-1 China's GDP and the share of global GDP (2010-2018)

Source: World Bank database.

(2) The per capita Gross National Income (GNI) continues to increase substantially. In 2010, China's GNI per capita reached US $4 340 (World Bank: GNI per capita, Atlas method, current US $), suggesting a move from a lower-middle-income country to an upper-middle-income country. ② By 2018, the figure had increased to US $9 540, which is higher than average for middle-and upper-middle-income countries (see Fig. 1-2). According data from National Bureau of Statistics, per capita disposable income and per

① Source: World Bank database.

② According to World Bank's standards for 2015, countries with GNI per capita of more than US $12 736 are high-income countries; those with GNI per capita between US $4 126 and US $12 735 are upper-middle-income countries; those with GNI per capita between US $1 046 and US $4 125 are lower-middle-income countries; and those with GNI per capita of less than US $1 045 are low-income countries.

capita consumption expenditures have maintained steady growth, and the proportion of food expenditure in consumption expenditure decreased steadily. The overall Engel's coefficient dropped below 30% in 2017, and further declined to 28.4% in 2018, indicating an improved quality of life for the general public.

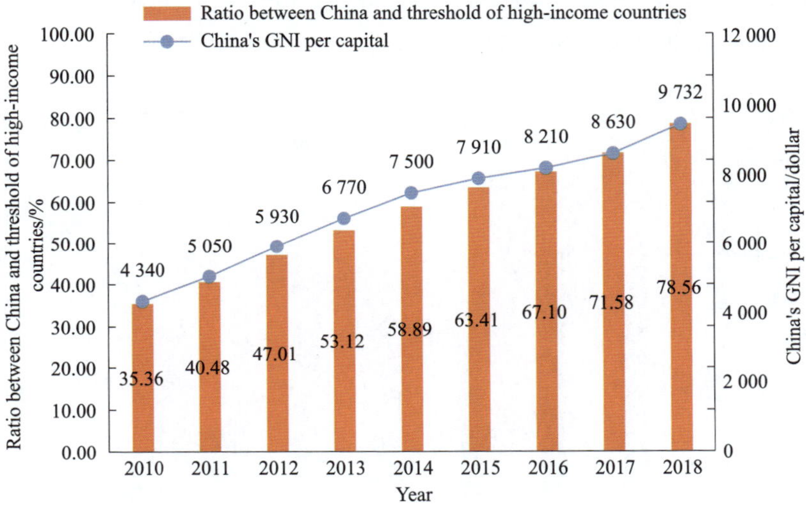

Fig. 1－2 China's GNI per capita (2010－2018)

Source: World Bank database.

(3) Significant reduction in the size of the population living in poverty. According to the World Bank poverty standard of US $ 1.9/per capital (based on the purchasing power parity in 2011), China had a population of extreme poverty of 106 million in 2011, accounting for 7.9% of the total national population. With the implementation of the national poverty alleviation strategy, this figure declined rapidly. According to the national rural poverty standard for 2010, about 165.67 million people in China lived below the poverty line in 2010, with a poverty headcount ratio of 17.2%; in 2018, the population of people in poverty declined to 16.60 million, with the poverty headcount ratio down to 1.7% (see Fig. 1－3). Although the population of people in extreme poverty are found mostly in rural areas, but this does not

mean that there is no existence of poverty in urban areas. In 2018, there were 19. 01million households and 35. 19 million people in rural China, who were entitled to minimum living standard subsidies (Dibao), with their annual household income per capita lower than 4 833. 4 yuan; meanwhile there were 6. 051 million households and 10. 07 million people in urban areas entitled to minimum living standard subsidies (Dibao), with their monthly household income per capita lower than 579. 7 yuan.

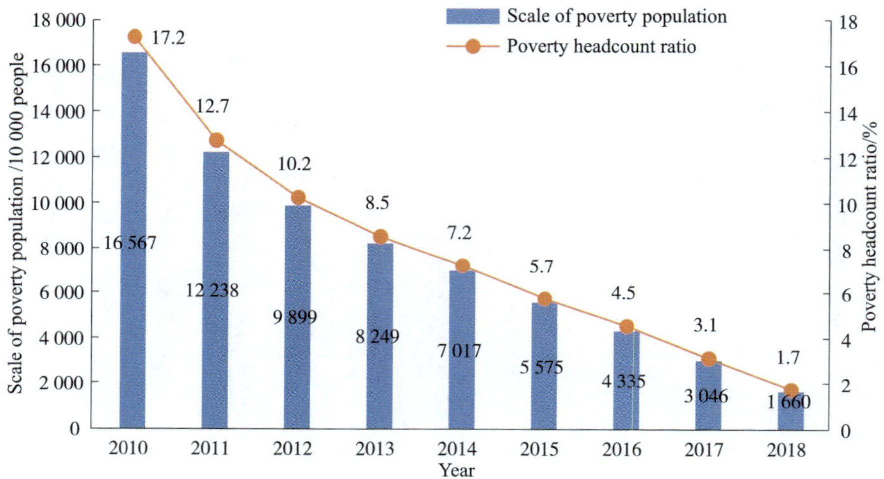

Fig. 1 – 3 Poverty population and poverty incidence in China (2010 – 2018)

Source: National Bureau of Statistics of the People's Republic of China.

(4) There are further downward risks in economic growth, with the great pressure on the high-quality development. In recent years, China's GDP has gradually declined from a high rate of about 10% per year in the past to a medium-low rate of about 6% at present (see Fig. 1 – 4). China's GDP is expected to fluctuate between 5% and 7% in the next five years. An economic slowdown may increase the risks of potential unemployment, directly affecting growth of resident income. Fiscal revenue may also decline with an economic slowdown, resulting in less investment in livelihoods. Therefore, it is urgent to expand supply-side structural reform, improve the quality of

economic growth, ensure sustained and sound economic development, and lay the foundation for the development of people's livelihoods.

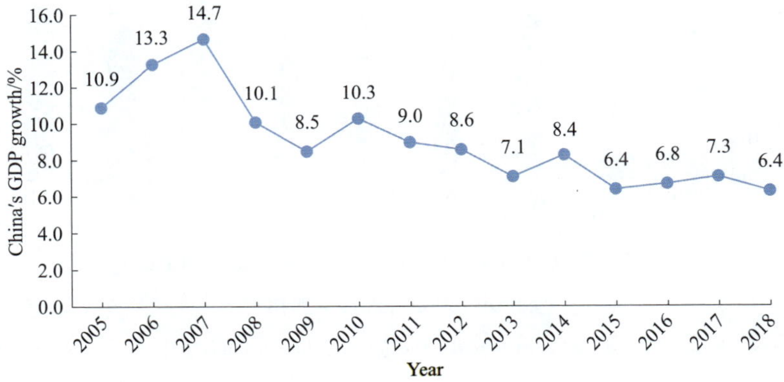

Fig. 1 -4 China's GDP growth (2005 -2018)

Source: National Bureau of Statistics of the People's Republic of China.

(5) Ecological protection, pollution prevention and control remain an arduous task. The green development faces a great pressure. With the growing industrialization, urbanization and the increasing impact of global climate change, China suffers from such significant problems as severe flooding, drought, water shortage, water pollution, and water and soil erosion, and faces severe challenges in water resource management and sustainable utilization. Urban industrial park waste-water discharge went down by 2.8% from 2011 to 2015 while daily life waste-water discharge increased by 4.9% over the same period. There is a significant structural issue with China's traditional energy sources, with coal continuing to account for about 60% of energy use (see Fig. 1 - 5), and the development of renewable energy facing multiple bottlenecks.

(6) Persistent imbalances and shortfalls put shared development under great pressure. There is still an imbalance in development between urban and rural areas, with considerable gaps among central and western areas, as well as eastern areas in terms of economic and social development. There are also obvious gaps between urban and rural areas in income, medical care,

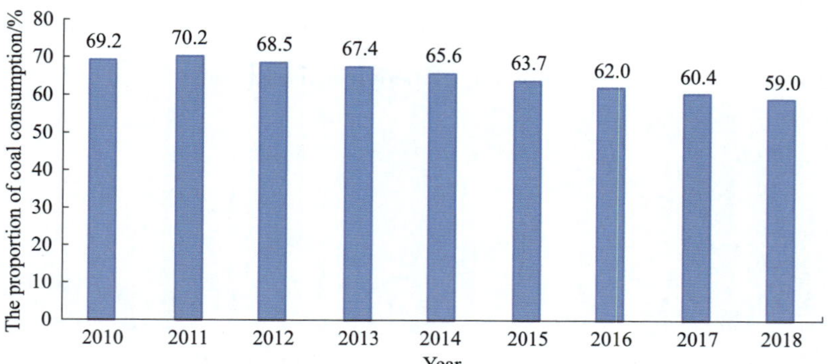

Fig. 1 – 5 Coal consumption as a share of total energy consumption (2010 – 2018)

Source: National Bureau of Statistics of the People's Republic of China.

education, employment, sanitation, and infrastructure. Income gaps remain vast across regions. In addition, there are institutional restrictions on population mobility, incomplete support systems for vulnerable groups, and a long way to go achieve to gender equality.

National Development Priorities within the Frameworks of the SDGs and ICPD PoA

As far as population and development is concerned, China government has introduced the international advanced concepts by signing a series of international development treaties and frameworks, including population in its macro development plans by formulating a series of domestic development plans and strategies. The former (international development treaties and frameworks) includes *the International Human Rights Treaties*, *the UN Millennium Declaration*, *the UN 2030 Agenda for Sustainable Development*, *the Programme of Action of the International Conference on Population and Development*, and *The Convention on the Elimination of All Forms of Discrimination against Women*; and the latter (domestic development plans and strategies) includes *the National Population and Development Plan for 2016 – 2030*, *the Outline of the Healtlay China 2030 Plan*, *Outline of the 13th Five Year Plan for National Economic and Social Development of the People's Republic of China* and *the Long-Term Plans for Youth Development* (*2016 – 2025*). In particular, regarding *the 2030 Agenda for Sustainable Development* approved at the UN Summit on Sustainable Development in September 2015, China endorsed the 17 Sustainable Development Goals (SDGs), which emphasized reducing all forms of poverty, promoting the well-being of people of all ages, and reducing inequalities in social development, including health, among and within countries, ultimately ensuring that "no one is left behind" in development. Many statements on priorities in China's population and development are contained in the country's development plans, policies, and strategies, as well as the progress reports submitted in accordance with various international treaties and development frameworks, and in the feedback reports from the UN on China's implementation of relevant treaties. We should not only see the inequality and imbalance in developnent process, but also recognize the emerging problems.

2.1 Issues of Equal Development

(1) The focus of poverty alleviation is shifting to elimination of relative poverty. Since 2012, China has cumulatively reduced the rural poverty population by 82.39 million, an annual reduction of 13.73 million and the cumulative reduction by 83.2%; the rural poverty headcount ratio has dropped from 10.2% at the end of 2012 to 1.7% at the end of 2018. Ten provinces/autonomous regions/municipalities directly under the Central Government have reduced their poverty headcount ratios to below 1%, and China government has fulfilled its commitment to lift all rural poverty populations and poverty counties out of poverty under the existing poverty standard by 2020 and solve the issue of poverty at an aggregate regional level. However, China still faces serious relative poverty issues, which are also reflected in the guiding document *Population and Development in China (2016 - 2030)*, "Poverty relief and development shall shift from solving absolute poverty to alleviating relative poverty, and from solving rural poverty to solving urban and rural poverty as a whole, so that all our people can develop into a moderately prosperous society in all respects and march toward modernization together." To this end, after 2020, emphasis shall be given to sustained and sound economic growth, and efforts shall be made to actively boost supply-side structural reform, implement innovation-driven development strategy, and provide economic support for implementation of *the 2030 Agenda for Sustainable Development*; in addition, more attention shall be paid to shared development, and efforts shall be made to create more rewarding and

higher-quality jobs, accelerate reform of the income distribution system, and narrow income gaps, so as to equally benefit all the people.

(2) In China, the overall poverty rate, maternal mortality rate, and AIDS-related death rate have declined significantly, and the rate of unmet needs for family planning stays low. For example, China's maternal mortality rate has declined from 53.0 of every 100 000 live births in 2 000 to 18.3 of every 100 000 live births in 2018.① Nevertheless, gaps in development between different areas and populations in China still cannot be ignored. These inequalities in social development are reflected in many dimensions, including gender, age, residence, disability status, and socio-economic status, in addition to the above mentioned urban and rural areas. Against this background, how to guarantee sexual and reproductive health rights of relatively vulnerable groups, remains a challenge for China.

(3) Meeting diverse demands for public services. It is an important task that basic public-service systems are being strengthened to provide all citizens with the public goods. The *12th Five – Year Plan for National Badic Public – Service System* put forward the goals of establishing and improving the basic Public – Service systems, and declaring a list of 80 basic public services and national standards in 44 categories involving such fields as basic public education, labor employment service, social insurance, basic public service, basic medical and health care, population and family planning, basic housing security, public culture and sports, and basic public services for the disabled. Furthermore, according to *the 13th Five – Year Plan for Ensuring Equitable Access to Basic Public Services* , "By 2020, the new progress will be made in education, employment, healthcare, old-age care and housing, so as to achieve equitable access to basic public services." In the next five years, public services will focus on further improving public-service supply systems, strengthening areas of weakness in basic public services and non-essential

① Zhou Yuanyang, Zhu Jun, Wang Yanping, et al. Trend of maternal mortality in China from 1996 to 2010 [J]. *Chinese Journal of Preventive Medicine*, 2011, 45(10): 934 – 939.

public services[①], and improving the quality of public services, so as to meet the constantly rising service demands of urban and rural residents.

(4) Equal public services for all groups remains a challenge for China. Differences in the provision and utilization of public services, including reproductive health services, between urban and rural areas and across different populations contribute to varied sexual and reproductive health outcomes across populations. During the process of actively promoting the new type of people-centered urbanization, the government needs to optimize the urban layout by the construction of urban agglomerations, small and medium-sized cities and small towns, realize the overall development of urban and rural areas, and the balanced allocation of public resources between urban and rural areas, narrow the gap between urban and rural development, and between residents' living standards.

(5) There is still a long way to go to achieve gender equality. Chinese government takes equality between men and women as a basic state policy, and includes it in the *Outline for Women's Development (2011 – 2020)* and the *Law on Protection of Women's Rights and Interests of the People's Republic of China*. Women's development goals are also incorporated into national economic and social development plans, with dedicated chapters in *the 12th Five – Year Plan* and *the 13th Five – Year Plan* that lay out interventions for promoting the comprehensive empowerment of women and the healthy growth of minors. In addition, *the National Action Plan for Human Rights (2016 – 2020) and China's Action Plan against Human Trafficking (2013 – 2020)*

① Public services refer to all services and goods to satisfy the needs of the general public, and include both essential and non-essential pubic services. Essential public services are mainly to be provided by the Government, focusing on equal access, universality and ready availability. *The National 13th Five – Year Plan on Equalizing Essential Public Services* lists 8 types of essential public services: public education labor, employment and entrepreneur, social security, health, public services, housing, public culture and sports, and services for disabled people. The provision of non-essential public services requires the involvement of market and social forces such as social organizations, focusing on seruice marketization, diversification and quality. As the 2019 Report of the Government stipulates, "support social forces in providing more non-essential public services to meet the multi-layered and diversified needs of the people".

have clear goals and tasks for protecting women's rights and interests, and the *National Anti-domestic-violence Law* provides a further legal guarantee for equal and harmonious family relations. However, it should be noted that the awareness of gender equality has not been fully popularized in China, and traditional preference for sons over daughters is still an important factor affecting the status and rights of women and children; the long-term effects of the skewed sex-ratio-at-birth gradually take shape, and there is uneven development of women and children in urban and rural areas, with a lack of women and children's protection and service resources in poor areas; healthcare, education and training, legal protection, and other supports and services for left-behind and migrant women and children have yet to be further improved; the overall proportion of women in decision-making and management still needs to be improved as well. The attainment of all-around gender equality remains an unfinished task.

(6) New problems are emerging while old ones still persist in protection of youth's sexual and reproductive health. There exists an unfair allocation of public services critical to youth development, such as education, health, and employment.① Take health professionals as an example: the number of practicing (assistant) physicians is 3.97 per thousand population in urban areas, and 1.68 in rural areas; the number of registered nurses is 5.01 per thousand population in urban areas, and 1.62 in rural areas. The unequal allocation of resources leads to unequal development opportunities for young people, resulting in the continuous spread of social inequalities.②

① Zhang Dandan, Li Xin, Xue Jinjun. Education inequality between rural and urban areas of the People's Republic of China, migrants' children education, and some implications [J]. *Asian Development Review*, 2015, 32(1): 196-224.

② Golley J, Kong S T. Inequality in intergenerational mobility of education in China [J]. *China & World Economy*, 2013, 21(2): 15-37.

2. 2 New emergence issues

(1) Maternal healthcare. According to national fertility surveys since 2006, age-specific fertility rates for women above the age of 25 in 2016 showed an increasing trend compared with 2006 and 2011, and a significant increase was observed in the number of pregnant women aged over 35 and above.① Nevertheless, these pregnant women of advanced maternal age face a higher risk of childbirth complications. Thus, the relative increase in the proportion of pregnant women in advanced maternal age will pose new challenges to the existing maternal and child health service system, with a potential to slow down the ongoing progress in maternal mortality reduction.

(2) The issue of infertility. A survey, that which covered 18 571 couples of reproductive age in eight provinces of China, reported an infertility incidence rate of 15.5%, and an even higher incidence rate of infertility of 25.0%, if restricted to the 10 742 couples who desired to be pregnant.② The development of assisted reproductive technologies will be helpful to solve the problem of infertility faced by some couples.

(3) Sexuality education issues. Due to the increasing liberalization of attitudes towards pre-marital sex and persisting issues of unmet need for sexual and reproductive health (SRH) services among young people in China, youth sexual and reproductive health has attracted increasing attentions. *China's Long-Term Plans for Youth Development (2016 – 2025)* and *Outline of the Healthy China 2030 Plan* clearly identify youth SRH as a priority issue. Although there are some good programs and projects on sexuality education in

① He Dan, Zhang Xuying, Zhuang Yaer, et al. 2006 – 2016 Report on China's Reproductive Status——Analysis Based on 2017 National Reproductive Status Sample Survey Data [J]. *Population Research*, 2018, 42 (6): 35 – 45.

② Zhou Z, Zheng D, Wu H, et al. Epidemiology of infertility in China: a population-based study [J]. *BJOG: An International Journal of Obstetrics & Gynaecology*, 2018, 125(4): 432 – 441.

a number of towns and cities across China, their coverage remains insufficient. For example, a youth sexual and reproductive health survey in 2009 reported that less than 40% of youths interviewed had ever attended sexuality education classes and/or lectures.① The number of unintended pregnancies and sexually transmitted diseases and AIDS cases are on the increase among young people. According to data from China CDC, the number of new HIV infections among university students in China increased annually at a rate of about 30% – 50%.② This may be partly explained by the lack of adequate of sexuality education at different stages of school.

(4) Impacts of the Internet on youth development. In addition to changes in macro policies and demographic structure, emerging technologies have huge impacts on youth development. Due to the rise of the Internet, a large number of young people frequently utilize the mobile Internet, which enriches their lives, making communication among people faster and more frequent. But negative impacts could also result, due to uncontrolled Internet marketing oriented to young people.

(5) Collection and utilization of disaggregated data. Without good data for monitoring the implementation of relevant policies, it is difficult to track national progress towards the realization of the SDGs. Although China does a lot of work in monitoring sexual and reproductive health, the national capacity for providing disaggregated data on different population groups at different administrative levels to capture multiple dimensions of inequality and vulnerability remains inadequate. Many studies only provide national-level estimates, but not disaggregated data at sub-national levels.③ Collection and monitoring of categorical data is a common requirement in both international

① Zheng Xiaoying, Chen Gong, Han Youli, et al. Report on Basic Data of Adolescent Reproductive Health Accessibility Survey in China [J]. *Population and Development*, 2010, 16(3): 2 – 16.

② Li G Q, Jiang Y, Zhang L. HIV upsurge in China's students [J]. *Science*, 2019, 364: 711.

③ Zheng Xiaoying, Chen Gong, Han Youli, et al. Report on Basic Data of Adolescent Reproductive Health Accessibility Survey in China [J]. *Population and Development*, 2010, 16(3): 2 – 16.

and domestic development plans. Monitoring of reproductive-health rights protections and the inclusive development of young people requires close monitoring of differences among various social groups. The national statistical system is currently not configured and well-equipped enough to enable such tracking.

Population and Development

China places great emphasis on sustainable and coordinated development in the population, economy, society, resources, and the environment. It has organically integrated efforts to achieve the development goals of International Conference on Population and Development (ICPD), the Millennium Summit, and *the 2030 Agenda for Sustainable Development* into development strategies, plans and macro policies at all levels and in all types. This type of population reproduction has achieved a historic transformation, effectively relieving the pressure on resources and environment. It has promoted economic development, social progress and improvement of people's livelihood.

3.1 Current situation of population and development in China

(1) The fertility rate has been kept at a low level with a continuous downward trend. Around 1990, China had basically completed the demographic transition towards a low birth rate, low death rate and low natural growth rate (NGR). The total fertility rate dropped below the replacement level of 2.1. By 2010, the birth rate further dropped to 11.90‰, the death rate to 7.11‰, the population growth rate nature to 4.79‰, the total fertility rate had dropped to about 1.6, and already made China into a low-fertility countries. Since then, China's fertility rate has further declined. During this

period, the fertility rate did not rise significantly, even though China implemented fertility policy changes to first allow couples with one of them being a single child to deliver a second birth and then allow all couple to deliver two children (known as the universal two-child policy). Currently, the total fertility rate is estimated to be around 1.5 – 1.6 (see Fig. 3 – 1). Projections indicate that China's population will peak around 2031, and then turn into a continuous negative growth.

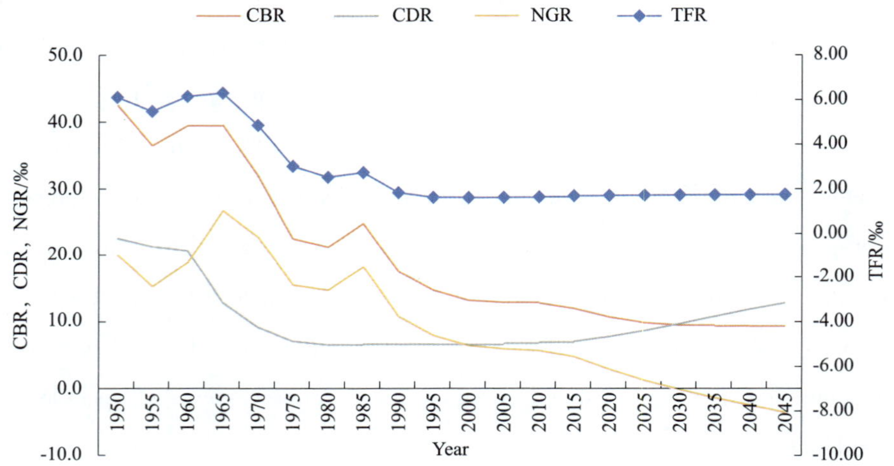

Fig. 3 – 1 Crude birth rate, crude death rate, nature growth rate and total fertility rate of Chinese Population

Source: UN's World Population Prospects 2019.

(2) China has become a typical aging society, with an increasing proportion of aged population. In 2000, the proportion of population aged 65 and above reached 7.0%, making China an aging society by international standard. In 2010, this proportion rose to 8.9%; and in 2018, it further increased to 11.9%, making China a typical aging society. In 2020, the proportion reached to 13.5% accordiy to the seventh national census. It is estimated that the proportion will keep on increasing in the following decades, reaching about 26.1% in 2050 (see Table 3 – 1).

Table 3 – 1 China's population age structure in selected years

Year	Proportion of population aged 0 – 14 /%	Proportion of population aged 65 and above/%	Old persons / children /%	Median age /years
1953	36. 3	4. 4	12. 1	22. 7
1964	40. 7	3. 6	8. 8	20. 2
1982	33. 6	4. 9	14. 6	22. 9
1990	27. 7	5. 6	20. 2	25. 3
2000	22. 9	7. 0	30. 6	30. 8
2010	16. 6	8. 9	53. 6	35. 2
2015	16. 5	10. 5	63. 6	36. 8
2020	17. 7	12. 0	67. 6	38. 4
2025	16. 9	14. 0	82. 9	40. 2
2030	15. 8	16. 9	107. 0	42. 6
2035	14. 8	20. 7	140. 1	45. 0
2040	14. 3	23. 7	166. 2	46. 3
2045	14. 2	24. 9	175. 8	47. 2
2050	14. 1	26. 1	184. 3	47. 6

Source: Data for 1953 – 2020 from National Bureau of Statistics; Data for 2025 – 2050 from UN's World Population Prospects 2019.

(3) Urbanization continues to increase with robust population mobility. From 1995 to 2010, China experienced rapid urbanization, with the proportion of the urban population rising from 29. 04% to 49. 95% and an average annual increase of 1. 4 percentage points. From 2011 to 2018, although the urbanization rate has slowed down, the average annual growth rate still reached 1. 2 percentage points, and the proportion of urban population reached 61. 50% at the and of 2018. In the future, China will continue to experience a rapid urbanization. By 2030, the proportion of the urban population is expected to exceed 72% and then gradually decrease thereafter. The increase in urbanization rate is driven by large-scale population mobility. In 2010, China's migrant population reached 220 million; and in 2014, it grew to 253

million. Since then, the migrant population has decreased, but remained above 200 million (see Fig. 3 - 2). At the same time, population mobility shows new features, with rural-to-urban population migration being gradually overtaken by urban-to-urban migration and urban-to-rural population migration; local and nearby shifts have become more prominent and population agglomeration in urban clusters further enhanced. As a result, the permanent residence of migrants in cities and towns is becoming the norm, and the quality of population urbanization is essentially improved.

(4) Significant improvements in educational and health outcomes. China gives priority to educational development. Since 2011, the proportion of government spending on education in GDP has remained above 4%. Efforts have been made to implement free compulsory education in both urban and rural areas, vigorously develop preschool education, accelerate popularization of senior middle school education, and continuously raise the level of higher education and vocational education. As a result, the educational attainment rate has reached the average level of middle and high income countries.

(5) Remarkable progress has also been made in the reform and development of healthcare, with significant improvement in urban and rural environments, the popularization of national fitness activities, the advancement in medical and health service system, and continuous enhancement in people's health and physical fitness. In 2018, the average life expectancy reached 77.0 years old, with the neonatal mortality rate, the mortality rate of children aged below 5 years old, and the maternal mortality rate down to 3.9‰, 8.4‰, and 18.3/100 000, respectively, which are higher than the averages for middle and high income countries.

(6) Pursuit of full employment with continuous improvement in residents' living standard remains a core national aspiration. The Chinese government regards employment as the most important aspect of people's livelihood, and puts it in the first place in economic and social development, with emphasis on "mass entrepreneurship and innovation". The government continues to

implement proactive employment policies. In the context of the recent economic slowdown, non-farm employment continues to grow, and the unemployment rate remains low. In 2018, the registered urban unemployment rate was about 3.8%, and the surveyed urban unemployment rate was about 4.9%①.

(7) Increasing emphasis on environmentally sustainable growth. Government-led efforts to promote the concept of "ecological civilization" and improve the living environment have been intensified in the last five years. This has entailed the implementation of "three action plans" for controlling air, water and soil pollution, and intensification of pollution control and prevention at the source, so as to achieve improved protection of the ecological environment and conservation of energy and resources. In 2018, the proportion of days with good air quality rose from 21.6% in 2015 to 35.8%, and the number of cities with up-to-standard air quality rose from 76.7% in 2015 to 79.3%②; Energy consumption and carbon dioxide emission per unit of GDP decreased year by year as well.

3.2 Challenges for population and development in China

2021 – 2025, China's population will experience complex changes. Based on UN forecast, the Chinese population will peak by the year 2031 at around 1.464 billion and drop to 1.402 billion by 2050. The aging of population will further accelerate, with the proportion of older people aged 65 and over reaching 14.0% by 2025 and 26.1% by 2050 (see Fig. 3 – 2), approaching and even exceeding that of developed countries and becoming one of the counties with highest proportions of older persons. A relevant trend is

① Data source: National Bureau of Statistics.

② Data source: Ministry of Environmental Protection.

rapid urbanization, with the proportion of the urban population reaching about 72% by 2030 and the urbanization process reaching a milestone. The huge population remaining-intertwined with a decreasing fertility rate, rapid aging, and urbanization, poses new challenges to the economy, society, resources and the environment.

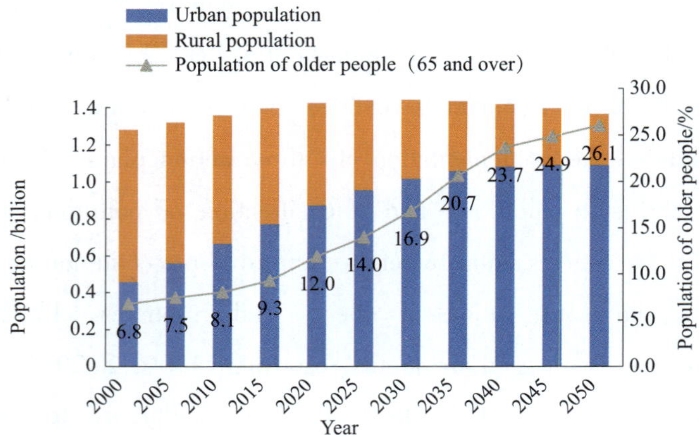

Fig. 3-2 Size of Urban and Rural Population in China and Proportion of Older People

Data source: UNDESA (2018). World Urbanization Prospects: The 2018 Revision, Online Edition; UNDESA (2019). World Population Prospects 2019, Online Edition.

(1) Increasing pressure to achieve a moderate fertility. China's fertility rate has long been below the replacement level. After implementation of the universal two-child policy, average fertility-desire levels rose briefly, and the number of two-child births increased slightly. However, with the diminution of initial policy effects, the fertility rate soon fell back to a low level, and there are even concerns of falling into the "low fertility trap".

(2) Gender imbalance and the marriage squeeze. By 2020, the male population of China will be 36.2 million more than the female population. Specifically, there is a significant difference in population aged 0 - 29 between males and females, with 34 million more males than females; and a difference of 9.2 million people between males and females in the population

aged 30 – 64[1]. As the surplus male population of post – 1980s and post – 1990s generations (generated due to the high sex ratio at birth) enters the ranks of marriage, there will be an elevated risk of a rise in the population of involuntary bachelors that could persist for more than 30 years.

(3) Increasing adverse effects of accelerated population aging. A decreased working-age population and an increased proportion of older workers will reduce the contribution of labor force factors to economic growth, and will continuously impact social vitality, innovation momentum, and the potential economic growth rate. With increases in the elderly population and pressure on social security expenditure, the total health expenditure and the per capita health expenditure will rise significantly. With a low risk-tolerance, small families will face such prominent problems as old-age support, child care, disease care, and spiritual comfort. In particular, there are increasing demands for daily care and long-term care services from empty-nest elderly, those at an advanced age, and the disabled elderly.

(4) Persisting policy and institutional barriers to population migration. Restricted by household registration , finance and land systems, it is difficult to protect the rights and interests at both the origins and destinations of migration. In the destinations, farmers, who work and live in cities, are still socially excluded. This leads to a "new dual structure" in the cities, which contains risks of social antagonism and conflict. In places of origin, there are still great uncertainties in guaranteeing the land-contracted management rights, rural homestead land use rights, and rural community property income distribution rights of migrant workers in cities. At the same time, many farmers are unable to move their whole families to cities in the short term, resulting in a large number of left-behind children, women, and elderly people who lack support, care, and the filial piety of their relatives.

---

① Li Shuzhuo, Meng Yang. 40 Years of Reform and Opening-Up: Achievements and Challenges of Gender Imbalance Governance in China [J]. *Journal of Xi'an Jiaotong University: Social Sciences*, 2018, 38 (6): 57 – 67.

According to a survey by the Ministry of Civil Affairs, the number of the left-behind children in rural areas was about 9.02 million in 2016. The figure declined slightly in 2018, but still remained as high as 6.97 million.

(5) Tight balance between carrying capacity of population, resources, and the environment. China's huge population continues to put pressure on the food supply, with associated pressures on water resources and a tense balance between population and energy consumption.

In the face of major trend changes in population and development, China put forward a coordinated population development strategy to effectively include population issues into economic and social policies, and continues to improve comprehensive decision-making mechanisms on population and development in major decision-making on strategic plans for economic and social development, strategic economic restructuring, investment projects, allocation of productive forces, coordination of urban-rural and regional relations, and sustainable development.

(1) Pay attention to balance of internal factors of the population, and promote population development by shifting from controlling population size to adjusting total population, optimizing structure, and improving quality of the population.

(2) Pay attention to benign interactions between population and economic development, accurately grasp the impact of economic development on population change, and adopt comprehensive measures to alleviate a decrease in the fertility rate and other population development problems caused by economic factors.

(3) Pay attention to advancing population and social development in harmony, and promote shared development of key groups of people. Improve national basic public-service system, endeavor to strengthen areas of weakness in the development of key groups of people, establish a multi-tier old-age care service system, guarantee the legitimate rights and interests of women,

children and the disabled, carry out targeted poverty alleviation of impoverished populations, and promote social equity and justice.

(4) Pay attention to the sustainable coexistence of population, resources, and the environment, and continue to optimize spatial distribution of the population. Promote population agglomerations toward major urban clusters and industrial functional areas in line with functional positioning and development direction; strengthen environmental improvement and protection, develop and utilize natural resources in a sustainable way, and promote green development modes and lifestyles.

3.3 Financial landscape for population and development in China

Population and development is one of the important factors affecting overall social and economic development of China, as well as one of the important areas of national efforts to secure and improve the well-being of the public. Particularly, with the increasing investment on such public services as poverty alleviation, employment promotion, education and health. A financing mechanism has gradually taken shape that involves the Government, society, and international organizations, among others.

Continuous and diversified financial investment constitutes an important supportive instrument for achieving the poverty alleviation target. China advocates for concerted attention and efforts from all sectors of society to poverty alleviation and for financial resources used on poverty alleviation to come from earmarked financial budget, credit funds, large amounts of social donations, as well as mutual assistance development funds by the poor. Some of the prominent characteristics might include:

(1) Continuous increase of earmarked financial budget for poverty alleviation. The earmarked financial budget to rural poverty areas by the

Central Government totaled 3 843. 8 billion yuan during 2016 – 2019, with an annual rate of increase at 28. 6%; at the same time, local governments invested match funds equivalent to 30% – 50% of the central budget①.

(2) Notable increase of social donations. Social donations include donations by individuals and enterprises, funds targeted for poverty alleviation from welfare lottery, as well as the designated poverty-alleviation funds by Government bodies, enterprises, and public institutions. Data from the China Securities Regulatory Commission indicate that in 2018, 591 listed companies released data on their investment in poverty alleviation, totaling more than 21 billion yuan and helping lift out of poverty about 410 000 persons with registered poverty credentials②.

(3) A significant role by international organizations. The World Bank, UNDP, UNICEF, UNFPA, the Asian Development Bank etc., have financially contributed to national poverty alleviation in varying ways. Since 1982, the World Bank has been providing China with loans on poverty alleviation. From 1982 to 2018, the accumulated loans had reached US $520. 9 billion and the annual amount of loan has been kept above US $16 billion since 1997③.

(4) Continued increase of financial inputs on health. Total health expenditures increased from 1 998 billion yuan in 2010 to 5 912. 1 billion yuan by 2018 and the per capita health expenditure increased from 1 490 yuan to 4 236 yuan④.

(5) The financing structure of health expenditures continues to improve, with the proportion of Government health expenditure decreasing from 28. 7%

---

① Dong Bijuan: Central budget tried to secure investments on poverty alleviation [N]. *Economic Daily*, 2019 – 07 – 18 (03).

② Yan Shilong: The Central Budget has earmarked 280 billion yuan on poverty alleviation in five years' time [N]. *China Business News*, 2018 – 03 – 10.

③ Data source: World Bank.

④ Data source: National Bureau of Statistics.

in 2010 to 27.7% in 2018, that of social health expenditure from 36.0% to 43.7%, while that of individual health expenditures declined from 35.3% to 28.6%.

(6) A reduced health expenditure burden on individuals could be mainly attributed to the essentially universal coverage of medical insurance. In 2018, China has registered 1.34 billion people in its medical insurance plan, accounting for over 95% of the total population; 0.204 billion people joined childbearing insurance and 88.96 million people received medical assistance①.

(7) Active international cooperation and assistance. In the area of basic medical care and public health, China actively needs international cooperation and assistance. The World Health Organization, the World Bank and the United Nations Population Fund have launched health promotion projects in China.

(8) Education funding has continued to increase and financial input has remained relatively stable. The main sources of education funds in China are financial funds, private school funds, social donations, income from institutions (including tuition and miscellaneous fees) and so on. In 2017, China's education spending increased from 1.96 trillion yuan in 2010 to 4.26 trillion yuan, an average annual increase of 11.7%. Of this total, state financial outlays increased from 1.47 trillion yuan to 3.42 trillion yuan, accounting for 80.37% of education outlays from 74.99%, and income from tuition and miscellaneous fees increased from 277.1 billion yuan to 477.1 billion yuan, but its share of education spending fell from 14.2% to 11.2%. Private schools and social donations are relatively small, accounting for only 0.53% and 0.20% of education funding in 2017 (see Table 3-2).

---

① State Medical Insurance Administration: Statistical Communique on the Development of Medical Insurances in 2018 [R]. 2018.

Table 3 – 2 Composition of China educational expenditures (2010 – 2017) (%)

Year	Budgetary expenditure	Expenditures by non-public schools	Social donations	Revenues from undertakings	Other expenditure
2010	74. 99	0. 54	0. 55	20. 99	2. 93
2011	77. 87	0. 47	0. 47	18. 54	2. 66
2012	80. 78	0. 45	0. 33	16. 12	2. 32
2013	80. 65	0. 49	0. 28	16. 22	2. 36
2014	80. 53	0. 40	0. 24	16. 54	2. 28
2015	80. 88	0. 52	0. 24	16. 08	2. 28
2016	80. 73	0. 52	0. 21	16. 14	2. 39
2017	80. 37	0. 53	0. 20	16. 35	2. 55

Source: National Bureau of Statistics.

Promoting equal access to essential public services has been a major area of national efforts in the field of population and development, with both the Central and local Governments being the main investors in many instances. As extreme poverty gradually phases out and the essential public service system improves, China will be expected to give a greater role to the market, with a focus on diversified and higher-quality non-essential public service provision by social players such as enterprises and social organizations①. It can be predicted that there will be new changes will happen to financing arrangement related to population and development in the future.

(1) Maintaining stable budgetary expenditures with the aim of further enhancing the provision of essential public services. Efforts should be made to secure a reasonable use of budgetary expenditures on population and development in order to ensure that the central budgetary expenditures will be used on items lagging behind.

① Source: Report of China Government 2019.

(2) Making use of the leading role of Government's expenditures, and through innovative collaboration models, actively promoting collaboration between the Government and social players and encouraging governments at all levels to employ public and private partnerships (PPP) in a legal manner in order to absorb more social capital on the development and operation of services. Greater efforts should be made, through one or a combination of bonds, insurances, credit, industrial investment funds, etc., to provide financial support for sustainable development and public service. In fact, the National Development and Reform Commission (NDRC) launched pilots encouraging social players to render universal aging care and child-care services in 2018.

(3) Strengthening exchanges and collaborations with the international community, and with an open and inclusive attitude, actively introducing advanced international concepts, skills, experiences, and development resources so as to serve national sustainable development. In the field of population and development, international organizations such as UNFPA have contributed to capacity building, particularly of Government and non-profit organization staff, on the provision of public services. International organizations will have a greater role to play in future population and development collaborations to build the capacities of market players as well as those of the Government to adapt to the market in the changing contexts of diversified orientations and partnerships.

Sexual and Reproductive Health

Since 2000, China has made remarkable achievements and advances in sexual and reproductive health. For example, the current indicators of maternal and child health in China not only met the UN Millennium Development Goals in 2015, but its child and maternal mortality ratios have also achieved the relevant United Nations Sustainable Development Goals. During the years 2015 – 2018: the maternal mortality ratio further declined from 20.1/100 000 to 18.3/100 000, infant mortality rate from 8.1‰ to 6.1‰ and the under-five mortality rate from 10.7‰ to 8.4‰①. Although the great progress made in terms of the level and scope of service provision, there are still quite a number of issues to be addressed urgently from the perspectives of equity.

4.1 Current situation of sexual and reproductive health in China

4.1.1 Sexual and reproductive health services

It is noteworthy that during the period 2009 – 2017, although the number of MCH hospitals (centers, stations) decreased, the total number of patients visiting MCH hospitals (centers, stations) has been nearly doubled from 148

① Ministry of Foreign Affairs of China. China's Progress Report on the Implementation of the 2030 Agenda for Sustainable Development [R]. 2019.

million to 284 million[①]. Whether and how the contradiction between the increasing demands for MCH services and the declining number of MCH hospitals affecting the provision and the quality of MCH services provided deserves further study.

4.1.2 Declining maternal mortality with regional disparities

Despite the overall decline in maternal mortality at the national level, there is still a widening gap between urban and rural areas[②]. There are significant differences in terms of maternal mortality rate between eastern and western China. In 2018, the maternal mortality rate in Tibet was 56.62/100 000[③]. In contrast, this rate was 1.15/100 000 during the same period in Shanghai[④]. From the county-level perspective, although the county-level maternal mortality rate may be affected by the number of local pregnant women, according to the calculation results of China's county-level maternal mortality rate published by Washington University in *The Lancet*, the maternal mortality rate in Nanhu District of Jiaxing City in Zhejiang Province was 3.4/100 000 in 2015, while the maternal mortality rate in Zada County of Tibet was as high as 830.5/100 000[⑤].

4.1.3 New challenges facing the family planning under the background of "two child" policy

With the relaxation of fertility policy, the contraceptive rate of married

---

① Data source: National Bureau of Statistics.

② National Health and Health Commission. 2018 China Health and Health Statistical Yearbook [M]. Beijing: Peking Union Medical College Press, 2018.

③ Li Jian. Tibet Medical and Health "Two Drop, One Rise, Three Not Out" Target Has Been Achieved [EB/OL]. [2019 - 09 - 05].

④ Gu Yony, Song Qiongfang. Why Does Shanghai's Maternal Mortality Rate Continue to Decline [EB/OL]. [2019 - 02 - 18].

⑤ Liang J, Li X, Kang C, et al. Maternal mortality ratios in 2852 Chinese counties, 1996 - 2015, and achievement of Millennium Development Goal 5 in China: a subnational analysis of the Global Burden of Disease Study 2016 [J]. *The Lancet*, 2019, 393(10168): 241 - 252.

women at childbearing age has decreased from 89. 1% in 2010 to 86. 1% in 2015. After the two-child policy was fully liberalized, the contraceptive rate has further decreased to 80. 6% in 2017. In terms of contraceptive methods, the proportion of using long-term irreversible contraceptive methods (such as IUD and sterilization) decreased (see Fig. 4 - 1). The use of short-term methods with low effectiveness is increasing rapidly. The proportion of sterilization and IUD use decreased from 33. 79% and 54. 20% in 2012 to 29. 33% and 53. 12% in 2016, while the proportion of condom use increased from 10. 34% in 2012 to 16. 10% in 2016. ① Because married women of childbearing age can not adhere to and correctly use short acting contraceptive measures, resulting in an increase in unwanted pregnancies. At the same time, the abortion rate in China is on the rise from 2013 to 2016, and it is at a high level in 2015 - 2017, which may also be related to this problem. ②

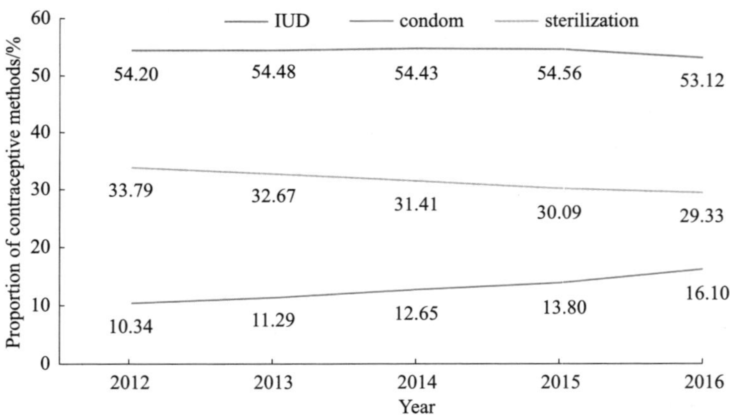

Fig. 4 - 1 Time trend of contraceptive methods (2012 - 2016)

Data source: National Population and Family Planning Commission.

---

① National Health and Health Commission. 2018 China Health and Health Statistical Yearbook [M]. Beijing: Peking Union Medical College Press, 2018.

② Tan Xiaoping, Fang Jing, Xiao Chuanhao, et al. Current Situation and Countermeasures of Induced Abortion and Contraception in China under the Background of the United Nations Sustainable Development Goals [J]. *Chinese Journal of Family Planning*, 2019, 27 (3): 276 - 280.

Besides, the implementation of the universal two-child policy in 2016 enabled the realization of the fertility desires of older women, which led to several consequences. Firstly, those elder mothers face a greater risk of childbirth complications and are more vulnerable to stillbirths. China ranks the fourth highest in the world in terms of the total number of stillbirths. ① It is well-established that the risk of stillbirths increases with the age of the pregnant woman, compared with the optimal reproductive period for women (aged 25 – 29), and the risk for stillbirths increases by 33% for women aged 35 – 39. ② Secondly, the number of new births and high-parity mothers increased. A survey of all counties of 28 provinces across the country reported that affected by the universal two-child policy, the number of new births during July to December 2016 increased by 5. 4 million, and the number of high-parity mothers and mothers aged 35 and above increased by a monthly average of 9. 1 and 5. 8 percentage respectively. It leads to a higher average cesarean for high-parity mothers. The monthly average cesarean rate among high-parity mothers increased by 1. 2 percentage, from 39. 7% to 40. 9%, while that among first-birth mothers declined by 3. 0 percentage, from 39. 6% to 36. 6%. ③

4. 1. 4 Induced abortion

According to *the China Health Statistics (2018)*, there were 9. 63 million cases of induced abortion in 2017, accounting for 27. 28‰ of the total women

① Blencowe H, Cousens S, Jassir F B, et al. National, regional, and worldwide estimates of stillbirth rates in 2015, with trends from 2000: a systematic analysis [J]. *The Lancet Global Health*, 2016, 4(2): 98 – 108.

② Zhu Jun, Liang Juan, Mu Yi, et al. Sociodemographic and obstetric characteristics of stillbirths in China: a census of nearly 4 million health facility births between 2012 and 2014 [J]. *The Lancet Global Health*, 2016, 4(2): 109 – 118.

③ Li H T, Xue M, Hellerstein S, et al. 2019. Association of China's universal two child policy with changes in births and birth related health factors: national descriptive comparative study [J]. *BMJ*, 366: 14680.

at childbearing age[①]. In addition, it was also found that about 40% of those who experienced induced abortion did not understand the harm of abortion, and even viewed abortion as a "harmless, painless, and fast way" to solve the problem of unwanted pregnancy.[②]

4.1.5 Childbirth by cesarean section: indication management to be improved and misunderstandings to be clarified

Due to many factors including expanded access to hospital care, financial incentives for physicians to perform cesareans and parents' misunderstanding of cesarean section[③], the national cesarean section rate increased yearly from 2008 to 2014, reaching an overall of 35.0% (see Fig. 4-2)[④]. Nearly half of the cesarean sections are unindicated[⑤], which is also related to the hospitals' own understanding and interpretation of cesarean section indications[⑥]. Many hospitals classify pregnant women aged 35 and above as "senior pregnant women" and may agree to perform cesarean sections for "senior pregnant women and maternal requirements". A study showed that among the 35-year-old women, the cesarean section rate was 66.8%, which was higher than the 34-year-old woman's cesarean section rate (64.3%); the proportion of unindicated cesarean sections in 35-year-old women (25.7%) was

---

① Tan Xiaoping, Fang Jing, Xiao Chuanhao, et al. Current Situation and Countermeasures of Induced Abortion and Contraception in China under the Background of the United Nations Sustainable Development Goals [J]. *Chinese Journal of family planning*, 2019, 27(3):276-280.

② Tang Yunge, Li Feicheng. Historical Review and Realistic Reflection on the Development of Family Planning Technology in China [J]. *Chinese Journal of Family Planning*, 2019, 27(6):688-690, 694.

③ Li H T, Luo S, Trasande L, et al. Geographic Variations and Temporal Trends in Cesarean Delivery Rates in China, 2008-2014 [J]. *JAMA*, 2017, 317(1):69.

④ Statistics of National Population and Reproductive Health Science Data Center. Time Trend of Cesarean Section Rate [EB/OL]. [2019-09-21].

⑤ Liu, Yajun, et al. A descriptive analysis of the indications for caesarean section in mainland China [J]. *BMC pregnancy and childbirth*, 2014, 14(1):410.

⑥ Hellerstein S, Feldman S, Duan T. China's 50% caesarean delivery rate: is it too high? [J]. *BJOG: An International Journal of Obstetrics & Gynaecology*, 2015, 122(2):160-164.

significantly higher than that in 34-year-old women (21.8%).[①] Moreover, clinical risk factors such as cephalopelvic disproportion and fetal distress also tended to be overdiagnosed.[②] Hence, it is of great importance to standardize medical guidelines for the indications of cesarean section throughout the country. Local governments may supervise the non-medical indications of cesarean section, establish cesarean section record files, and check the implementation of cesarean section-related work.

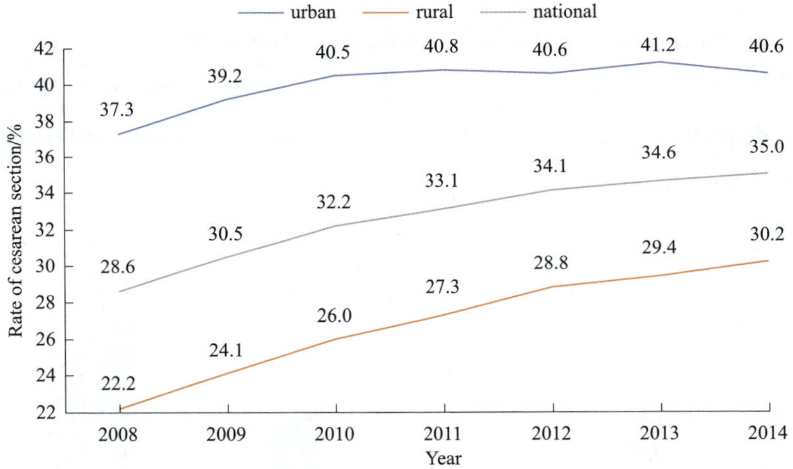

Fig. 4-2 Rate of cesarean section 2008-2014 — national, urban and rural

Data source: Li H T, Hellerstein S, Zhou Y B, et al. Trends in Cesarean Delivery Rates in China, 2008-2018 [J]. *JAMA*, 2020, 323 (1): 89-91.

4.1.6 Diagnosis, prevention and treatment of cervical cancers

The incidence of cervical cancer rose constantly since 2013 at 14.09 per

---

① Hou Lei, Wang Xin, Zou Liying, et al. Effect of Definition Line of Older Maternity on Maternal Delivery Mode [J]. *Beijing Medical Journal*, 2015, 35(7):693-695.

② Hou Lei, Li Guanghui, Zou Liying, et al. Multicenter Study on Cesarean Section Rate and Composition Ratio of Cesarean Section Indications in China [J]. *Chinese Journal of Obstetrics and Gynecology*, 2014, 49(10):728-735.

100 000, reaching its peak at 15.91 per 100 000 in 2016. Then it shows a downward trend since 2016, and declined to 15.35 per 100 000 in 2017.

The awareness of HPV differs between urban and rural Chinese women. Awareness of cervical cancers among urban women is significantly higher than among rural women in terms of clinical symptoms, high risk factors, and prevention methods. Among the four kinds of knowledge above, women in urban and rural areas had the lowest awareness rate of high risk factors (11.1% in urban areas and 5.6% in rural areas), while women in urban areas and rural areas had the highest awareness rate of HPV-related knowledge (25.5% in urban areas and 23.3% in rural areas). Similarly, there are strong disparities of knowledge about cervical cancer between rural and urban women (see Fig. 4-3)①.

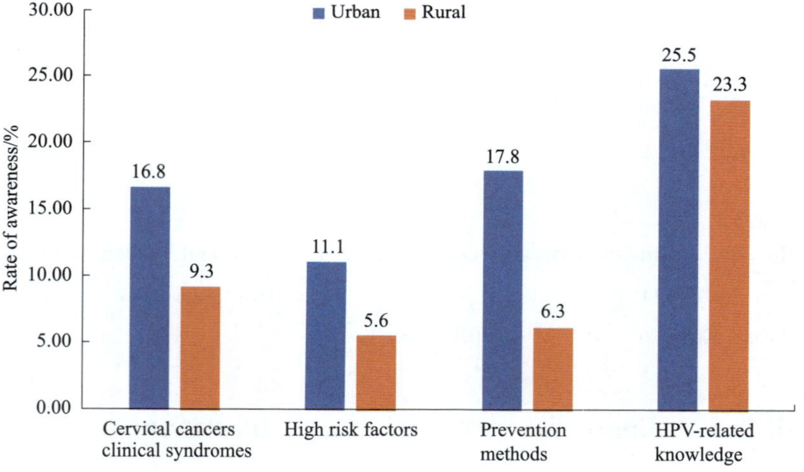

Fig. 4-3 Rate of awareness about cervical cancers and HPV among Chinese women by urban/rural

① Di Jiangli, Yang Wenlei, Tian Tian, et al. Investigation on knowledge, belief and behavior of cervical cancer in urban and rural women and analysis of Influencing factors [J]. *Chinese Journal of Reproductive Health*, 2019, 30(3): 206-210.

4.1.7 STIs and HIV/AIDS on the rise

HIV/AIDS infections show a rising trend. It is estimated that China currently has about 1.045 million people living with HIV/AIDS, and sexual transmission is the primary route of transmission. More than 90% in 2018, compared to 43.6% in 2005①. The incidence of AIDS showed an upward trend from 1/100 000 in 2009, with a sudden increase from 1.53/100 000 to 2.93/100 000 in 2011 – 2012, and then a slower and sustained increase to 4.15/100 000 in 2017. AIDS mortality rate has risen slowly as well, from 0.50/100 000 in 2009 to 1.11/100 000 in 2017②.

HIV infection among key populations is high. Among the three high-risk groups of sex workers, men who have sex with men (MSM), and injecting drug users (IDU), the prevalence for MSM (6.9%) is slightly higher than that of IDUs (5.9%) and much higher than that of sex workers (0.2%). Yet, there is no significant difference in HIV knowledge among the three groups, HIV-related knowledge among MSM (58.8%) is slightly higher than the other two groups, but all of them are lower than 60%. Sex workers reported the highest rate of condom use (93.5%) and injecting drug users the lowest (53.1%). The prevalence of syphilis infection among injecting drug users (86.5%) is documented to be much higher than that of the other two groups (2.0% and 4.8%)③.

4.1.8 Health outcomes of gender-basedviolence deserve attention

Intimate partner violence (IPV) is a serious public health issue,

① Data source: National Health Committee.

② Data source: National Bureau of Statistics.

③ Data source: UNAIDS.

according to a WHO study①. A joint study by UNFPA China and Partners for Prevention found clear associations between intimate partner violence and symptoms of women's physical, mental, and reproductive ill-health. Among women who had experienced physical partner violence, 40% had been injured, and they were three time more susceptible to clinical depression, two-fold more likely to commit a suicide, three times more likely to suffer from multiple STIs. Among women who were injured from violence, 49% resulted in their taking leave from work or having to stay in bed or seeking treatment②.

Although gender-based violence is drawing increasing global concern, as far as China is concerned, there has not been a comprehensive national survey related to gender-based violence.

4.2 Challenges to sexual and reproductive health in China

4.2.1 The disparities of the accessibility of SRH services exist, which varies from groups and sub-groups of population

The demand for intrauterine devices by migrant women of childbearing age has decreased significantly from 46.61% to 36.3% during the years 2010 - 2016, and their demand for condoms has increased significantly from 23.13% to 39.3%, but the contraceptive supply structure of family-planning service agencies has not been adjusted in time③. Access to sexual and reproductive health services among ethnic minorities is lower than that of the majority Han;

① World Health Organization Global and Regional Profiles of Violence against Women: Current Status of Partner Violence and Non-partner Sexual Violence and Its Health Effects [R]. 2013.

② United Nations Population Fund, Preventive Partners, et al. Quantitative Survey Report on Gender Violence and Masculinity in China [R]. 2013.

③ National Health and Family Planning Commission, migrants Division. 2017 China Migrant Population Development Report [M]. Beijing: China Population Press, 2017.

for example, access to prenatal care by ethnic minorities is only 60% of that by the Han people, and delivery rate at health care institutions by ethnic minorities is only 30% of that by the Han people[①]. The sexual and reproductive health needs of persons living with disabilities[②] have been neglected, and a sexual and reproductive health service system targeting the needs of persons living with disabilities have not been developed[③,④], ending up with a situation where people living with disabilities face significant barriers when accessing sexual and productive health services[⑤,⑥].

4.2.2 Disparities in the coverage of sexual and reproductive health (SRH) services between urban and rural areas resulting in different outcomes

Disparities between urban and rural areas can be found in maternal mortality ratio (MMR), which has presented a diminishing trend since 2000 and been reduced to a marginal difference in 2015[⑦]. The abrupt widening gap in MMR between urban and rural areas since 2017 requires a close watch. Crude mortality rates of urinary and reproductive diseases have increased in both urban and rural areas, and the gap between urban and rural areas (the

---

① Huang Y, Shallcross D, Pi L, et al. Ethnicity and maternal and child health outcomes and service coverage in western China: a systematic review and meta-analysis [J]. *The Lancet Global Health*, 2017: S2214109X1730445X.

② United Nations. Convention on the rights of persons with disabilities [EB/OL]. [2019-10-11].

③ World Health Organization, UNFPA. Promoting sexual and reproductive health for persons with disabilities [M]. Geneva, Switzerland: WHO, 2009: 1-9.

④ Liu Zhongyi. Sex of Disabled Persons: A Survey of Social and Humanistic Perspectives [J]. *Research on the Disabled*, 2015(4): 60-63.

⑤ UNESCO Beijing Office, Humanity & Inclusion. Seeing Demand: Sexually Relevant Knowledge, Attitudes and Behaviors of Disabled Children and Youth in China [R].

⑥ Tu Xiaowen, Hu Tajing, Li Hongyan. Qualitative Study on Sexual Education and Reproductive Health Services for Disabled Adolescents [J]. *Chinese School Health*, 2018(8): 1165-1168, 1172.

⑦ Data source: National Bureau of Statistics.

rural is higher than the urban) has been widening since 2012, with 6. 62/100 000 for rural areas and 6. 3/100 000 for urban areas in 2012 to 7. 56/100 000 for rural areas and 6. 72/100 000 for urban areas in 2017. Pregnancy, childbirth, puerperal complications and perinatal diseases have also been different between urban areas and rural areas, but the gap has tended to narrow. In 2017, the crude death rate from pregnancy, childbirth and puerperal complications stood at 0. 08/100 000 for urban areas and 0. 11/100 000 for rural areas, respectively, a narrowing trend compared with 0. 09/100 000 for urban areas and 0. 15/100 000 for rural areas in 2012. Similarly, a narrowing down trend was also observed for the crude death rate from perinatal diseases from 1. 86/100 000 for urban areas and 2. 72/100 000 for rural areas in 2012 to 1. 59/100 000 for urban areas and 1. 88/100 000 for rural areas in 2017.

4. 3 Fundraising in sexual and reproductive health in China

Between 2015 and 2019, the Central Government, out of its own budget, has increased the budgets for family planning (see Fig. 4 –4), part of which has been used on family-planning services for the population in poverty.

The following is a further analysis of spending on sexual and reproductive health at the provincial level in China. Studies conducted by the United Nations Population Fund and the Health Development Research Centre of the National Health and Family Planning Commission on Fujian Province and Sichuan Province show that in 2014, the total medical expenditure in Fujian Province totalled RMB 88. 896 billion, of which sexual and reproductive health (SRH) accounted for approximately 16%, equivalent to 0. 6% of the province's GDP; in Sichuan Province, the total medical expenditure was RMB 185. 751 billion, of which SRH accounted for 13%, equivalent to 0. 8% of

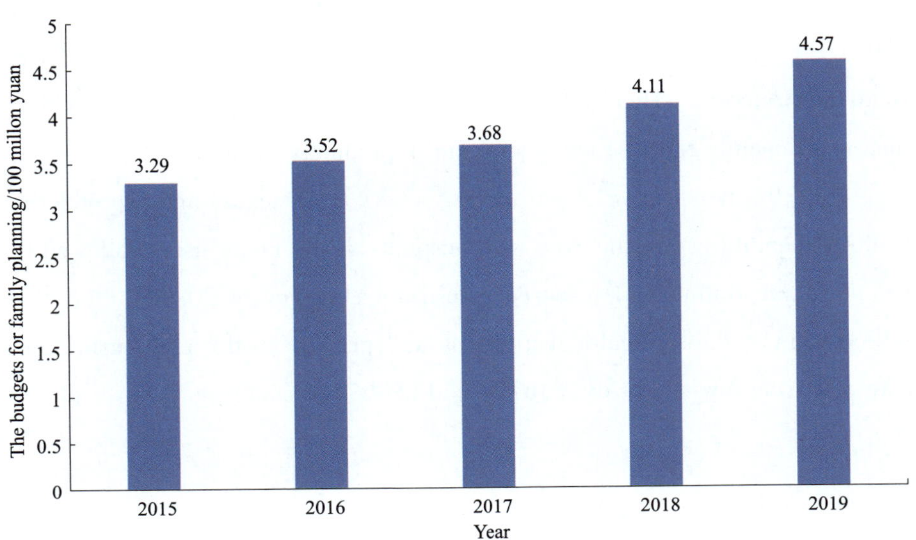

Fig. 4 – 4 Family-planning-related budget by the Central Government, 2015 – 2019

Data source: Open Platform of the Central Government on Budget and Final Account 2015 – 2019.

the province's GDP[①]. By type of service provider, about half of the above costs are spent on hospital services, about 20% on health system administration and financing and 17% to 19% on institutions providing preventive services. Institutions involved in assisted reproduction and related clinical services took the smallest proportion. From the perspective of itemized costs, there was no adequate provision of primary sexual and reproductive health care.

Further analysis indicates that younger people possess a higher share of health expenditures, particularly those aged 0 – 39, with out-of-pocket (OOP) expenditures exceeding 50% in both provinces, while people aged 45 and above have a relatively lower share. People aged 0 – 4 and 15 – 19 are found to have the highest OOP share of health expenditures. Related to this,

① UNFPA in China. Sexual and Reproductive Health Expenditures in Sichuan and Fujian Executive Summary [R]. 2016.

Government and compulsory health insurance contributed most for people of higher ages, while people aged 15 – 44 covered the biggest share of sexual and reproductive costs. This indicates that younger people in both provinces disproportionately shared their sexual and reproductive health costs.

From the perspective of end-users, 43. 12% of sexual and reproductive health expenditures are incurred with hospitals as the major user, followed by health administration and resource mobilization agency at 20. 90% (5. 018 billion yuan). Public health institutions and primary health care institutions take relatively low shares of 16. 67% and 8. 06% respectively.

Gender Equality

China has taken gender equality as a basic state policy. China pays attention to the protection of women's rights and interests through legislation and promotion of gender equality based on *Chinese Constitution Law*, and *the Law on the Protection of Rights and Interests of Women*, including more than 100 sectoral laws and regulations, which provide strong legal guarantees for gender equality. China lists women's development as an important component in the national medium and long term development plans, as well as *the 12th Five - Year Plan* and *the 13th Five - Year Plan*, which contain chapters on the promotion of overall development of women. *The National Action Plan of Human Rights (2016 – 2020)* and *China's Action Plan against Trafficking in Human Beings (2013 - 2020)* also clearly put forward the goal of safeguarding women's rights and interests. Since 1995, the State Council has promulgated and implemented three five-year cycles of the *Outline for Women's Development in China*, clarifying the goals of women's development of each cycle, and all governments at county level and above are requested to formulate and implement their own programmes of women's development, which combine to form a top-down system of women's development goals and plans in line with social and economic development. Women's political, economic, cultural and social rights are effectively put into practice and children's rights for healthy growth, education, and protection are effectively secured, representing significant progress in terms of implementing the *2030 Agenda of Sustainable Development*.

5.1 Current situation of gender equality in China

The sex ratio at birth is a sensitive indicator of gender equality and women's social status. Strong son preference persists in China. The sex ratio at birth dropped rapidly but remained high. In China, it rose from 108.50 in 1982 to 117.86 in 2000. Despite the government has always attached great importance to the comprehensive treatment of the high sex ratio at birth, the effect is not obvious, and the sex ratio at birth is still above 117 before 2013. The root cause of the imbalance of the sex ratio at birth is the boy's preferred reproductive culture. With the implementation of the "separate two-child" policy in 2013 and the "universal two-child" policy in 2016, the sex ratio at birth began to clearly decline year by year, reaching about 111.90 in 2017. Although it significantly reduced, the sex ratio remains at a fairly high level (see Fig. 5-1).

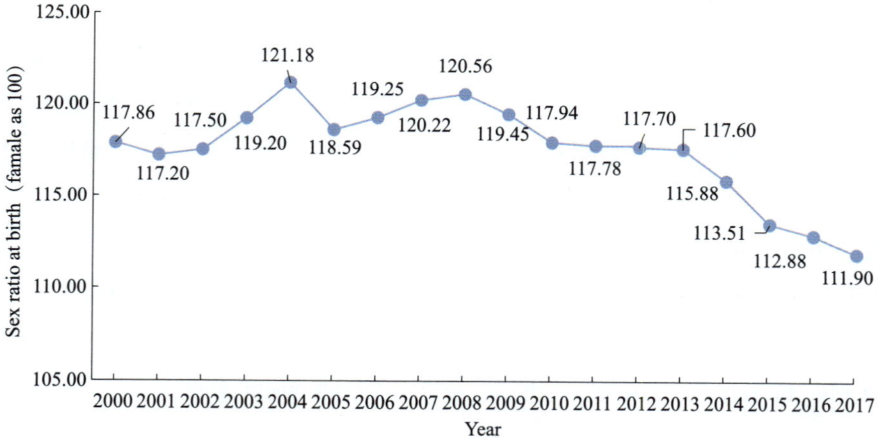

Fig. 5-1 2000—2017 Sex ratio at birth in China (female as 100)

Data source: China Population and Development, Research Center of National Population and Family Planning Commission. China Population and Family Planning Data Sheet 2017 [M]. Beijing: China Population Press, 2017; National Bureau of Statistics of the People's Republic of China. 2017 Monitoring Report on Implementing the Outline of Children Development (2011-2020) [M]. Beijing: China Statistic Press, 2018.

The trend of high female infant mortality rate has been improved, but the gap between urban and rural areas is still obvious. Since the 1980s, the sex difference of infant mortality rate in China began to deviate from the normal level. In 1981, the female infant mortality rate was about 94.9% of that of male infant. In 1989, it increased by 114.4%, and further increased to 142.3% in 2000. The high level of female infant mortality is usually directly caused by the discriminatory treatment of girls in socio-economic and health aspects, such as drowning, physical abuse, nutrition, food and lack of health care resources, which reflects that girls do not get equal status in the family and society. The trend towards a higher mortality rate of female infants has been reversed in recent years, with gender differences falling to 105.1% in 2010 (see Table 5 – 1). In 2017, the infant mortality rates in urban and rural areas were 3.7 ‰ and 7.3 ‰ for females and 4.5 ‰ and 8.5 ‰ for males respectively ①.

Table 5 – 1 Sex ratio of infant mortality

Year	Infant mortality /‰	Male Infant /‰	Female Infant /‰	Female Infant /Male Infant
1981	34.70	36.96	35.07	94.9
1989	30.34	32.19	36.83	114.4
2000	26.90	22.56	32.10	142.3
2010	13.82	13.73	13.92	105.1

Data source: Data in 1981 and 1989 are from Regional Differences in Sex Ratio of Infant Mortality in China by Cao Meng, Lei Peng, and Wu Zhuochun. Data in 2000 and 2010 are from census data of the National Bureau of Statistics.

The level of maternal health care continued to improve. In 2018, the in-hospital delivery rate of pregnant and lying in women continued to maintain at about 99.8%, and the rate of prenatal examination and postpartum visit increased to varying degrees. The maternal mortality rate continued to decrease, from 30/100 000 in 2010 to 18.3/100 000 in 2018. Free screening

① National Bureau of Statistics: Men and Women in Chinese Society - Facts and Data (2018) [R]. 2018.

of cervical cancer and breast cancer was carried out for women, especially rural women, and regular free gynecological examination was conducted for women. The reproductive health level of women has been improved.

Women's level of educational attainment has also been rising. The educational rights of girls are effectively guaranteed by the *Law of the People's Republic of China on the Protection of Women's Rights and Interests* and the *law of the People's Republic of China on Compulsory Education.* According to the 2017 sample surrey on population change, 92.3% of women aged over 6 have educational experience, with 13.6% having college degree or abore education experience. In the compulsory education stage, the gender gap has basically been closed, and the consolidation rate of the nine-year compulsory education in 2017 was 93.8%, 2.7 percentage points higher than that in 2010. The net enrolment rate of primary-school-age girls was 99.9%, almost the same as that of boys. Women's access to pre-school, high school, and higher education is increasing. The gross enrollment rate of girls has generally surpassed that of boys (see Table 5-2 and Table 5-3).

Table 5-2 Proportion of female students in schools at all levels (%)

Year	Pre-school	Primary school	Junior high school	Senior High school	University
2005	45.09	46.82	47.33	46.43	47.08
2010	45.44	46.23	47.21	48.62	50.86
2015	46.39	46.33	46.46	50.28	52.42
2018	46.75	46.51	46.48	50.77	52.54

Data source: website of Ministry of Education of China, Education Statistics 2005-2018.

Table 5-3 Proportion of female students adjusted according to sex ratio of population in each age group (%)

Year	Pre-school	Primary school	Junior high school	Senior High school	University
2005	51.77	52.51	51.93	49.71	49.99
2010	52.83	52.84	53.10	53.97	54.90
2015	53.44	53.73	53.26	56.92	58.47
2018	53.48	53.86	53.56	57.91	59.06

Data source: website of Ministry of Education of China, Education Statistics 2005-2018.

Women actively participate in economic activity although their employment rate declined from 70.3% in 2000 to 61.8% in 2018. Compared with high-income countries and middle- and high-income countries in 2018 whose female employment rates were 51.6% and 55.0% respectively, China was still at a relatively high level. The number of female professional and technical personnel continued to increase. In 2016, there were 14.8 million female professional and technical personnel in public-owned enterprises and institutions, accounting for 47.8%, with an increase of 2.8 percentage points over 2010. Women's labor protection has also been improved. The proportion of enterprises implementing the *Special Provisions on Labor Protection for Women Employees* reached 73% in 2017, an increase of 18 percentage points over 2010.

More women are now participating in decision-making and management. In the field of political participation and discussion, the proportion of women in the people's congresses at all levels has risen steadily. Among the deputies to the National People's Congress, the proportion of women deputies rose from 12.0% in 1954 to 24.9% in 2018. The participation of women in grass-roots democratic management is high, and the proportion of women in village committees was 23.1% and around 50% in community neighborhood committees. The proportion of female employees in the business management of enterprises is also increasing. In 2017, the proportion of female directors in the corporate board of directors was 39.7%, and the proportion of female supervisors in the corporate board of supervisors was 41.6%, which is 7.0 and 6.4 percentage points higher than in 2010, respectively[①].

Women's status in the family has been gradually improved, and women's protection has been further strengthened. In terms of marriage, women have more rights to free marriage and to participate in major family decisions. The

① Information Office of the State Council. Equality, Development and Sharing: Progress of Women's Cause in 70 Years Since New China's Founding (White Paper) [R]. 2019.

protection system for women and children has been improved, and domestic violence has been formally incorporated into the legal system. The *Anti-Domestic Violence Law of the People's Republic of China* was officially enacted on March 1, 2016, defining the prevention and treatment mechanism and measures of domestic violence. More efforts have also been made to combat the crime of trafficking in women and children, with the government issuing the *China's Action Plan against Trafficking in Human Beings (2013 – 2020)*. Relevant departments have increased the governance of the "buyer's market" for the crime of human trafficking through various special actions, so as to reduce the incidence of trafficking cases from the source.

5.2 Challenges for promoting gender equality in China

The concept of gender equality needs to be further popularized. Strong social preference for boys remains widespread, women do not yet fully enjoy the right to equal ownership and inheritance of family property, and girls' protection awareness and capacity in communities and families still need to be improved.

Efforts should be made to fully understand the uncertain implications of fertility policy transition on the status of women. A 2017 survey on fertility desire reported that women on average had an ideal number of child births at 1.96, while the actual number of births women planned for delivery was 1.75, implying the unmet needs of Chinese women for childbearing and a further downward trend of fertility rate in China and calling for urgent action to improve childbearing-supportive policies[①]. Studies found out, however, that the status of women, to some extent, affects their number of childbirths, in

① He Dan, Zhang Xuying, Zhuang Yaer, et al. China's Fertility Report 2006 – 2016 – Based on the Data Analysis of 2017 National Fertility Sampling Survey [J]. *Population Research*, 2018, 42 (6): 35 – 45.

other words, the higher social status women enjoy, the greater say they have on fertility decisions and the lower their fertility desires are. This indicates that efforts to improve the women's social status tend to be in cunflict with the policy of lucreasin fertility rate. It is therefore necessary to note that in fertility policy transition, attention should be made to protect not only the needs of women for health but also their rights for reproduction so as to protect the legal rights and interests and equal status of women practicing reproduction in both family and societal matters.

In the labor market, with weak competitiveness in general, women tend to be pushed into low-level, low-position and low-paid work. With the implementation of the universal two-child policy, on one hand, more women face the problem of work-family balance due to the serious shortage of childcare services; on the other hand, some of the welfare policies developed in support of women's fertility desire, such as those on extended maternity leave and extended parental leave, actually increase costs to the employing enterprises, and because of the absence of a compensation arrangement, unexpectedly result in a situation where women face more gender-based discrimination in employment.

The status of women and children vary between urban and rural areas and among regions. In addition, the protection and social support services for women and children in poor areas are relatively scarce, and the health care, education and training, and legal protection of women and children among left-behind and migrant populations need to be improved.

Further efforts are required to boost women's participation in decision-making and management. First, women's political participation rate still remains at a low level. The Program Action adopted by the Fourth World conference on women in 1995, puts forward a clear requirement for proportion for women's participation in politics, that is, the proportion of women in politics in all countries should reach 30%, and China currently has only 24.9%. Second, the women's decision-making level is relatively low, and many female cadres are still in grassroots or relatively marginal positions, although the proportion of women in high-level and important positions is also increasing year by year. For example, there were three female governors in 34 provincial governments (including Xinjiang Production and Construction Corps, exdudiny Hongkong, Macao and Taiwan) in 2018, accounting for only 9.4% ① and there were 11 female governors, accounting for only 3.3% among 333 cities and municipal level governments. ②

Protecting women from sexual harassment and domestic violence. Equally important to note is the fact that sexual harassment in educational institutions and workplaces is widespread. This reflects the unequal access to power and resources between men and women, and the general lack of anti-sexual-harassment mechanisms. Domestic violence has long been regarded as a "domestic" matter, often allowing perpetrators to escape condemnation and punishment. At the same time, the lack of public understanding of women's vulnerability to domestic violence, particularly sexual violence, has led to the reluctance and difficulty of the majority of women exposed to domestic violence to seek legal redress.

It is essential to thoroughly implement laws and regulations on the protection of the rights and interests of women and children, intensify the supervision of law enforcement and policy implementation, and improve the assessment mechanism on gender equality for the relevant laws, regulations and policies. It would also be necessary to study and formulate the *Anti-Employment Discrimination Law* and relevant relief systems in order to protect women's rights and interests. More efforts should be made to promote a "five-in-one" child protection system, of monitoring and prevention, mandatory reporting, emergency response, evaluation and assistance, monitoring and intervention. More attention should be paid to study and formulate the detailed

---

① 2018 Provincial and Local People's Congresses: 106 Women Elected as Vice Provincial or above Leaders [EB/OL]. [2018-02-05].

② 11 Female Mayors of Prefecture Level Cities in China [EB/OL]. [2018-08-31].

rules for the implementation of Law on Family Violence to ensure that women and children have access to legal aid and judicial assistance.

5.3 Fundraising of gender equality issue in China

China has committed to further improve the national mechanism for raising the status of women, and to strengthen legal protection for women's rights and interests. This commitment may be expected to translate to increased deployment of government resources, effective mobilization of social resources, and increased supply of public services to promote gender equality and women's development.

More financial input will be used to promote women's development. It's indicated in the *Outline for Women's Development in China (2011 – 2020)* that governments at all levels should incorporate the funds required for the implementation of the Outline into the financial budget, increase funding gradually with economic growth. At present, all provincial governments have set up special funds for women and children development. For example, Shandong Province spent 13 million yuan and 38 million yuan in 2017 and 2018 respectively, and Guangxi Province spent 6.387 million yuan and 9.150 million yuan in 2017 and 2018, respectively.

Major public funds are focusing on supporting the development of women in poverty-stricken areas and ethnic minority areas. In 2015, the All-China Women's Federation launched the "Action against Poverty for Women" to support the development of handicraft industries in poor counties to attract more poor women to work nearby. By the end of 2017, more than 2 100 women's handicraft associations had been established in more than 800 poor counties, driving 1.06 million person-times of poor women to work nearby through the development of handicrafts; investing 24.3 million yuan in project funds to create more than 480 "national poverty alleviation demonstration bases", carried out 34 900 training courses on poverty alleviation, and trained

2. 31 million person-times of poor women and women's backbones.

Actively promote the role of social organizations. The China Women's Foundation has carried out charitable projects such as "Mother Health Express", "Mother Water Cellar", "Mother Business Recycling Fund", and "Mother Smile Action" through social donations. Among them, donations and charity expenditures were 723 million yuan and 823 million yuan in 2017. It was 937 million yuan and 545 million yuan respectively in 2018.

Social forces are encouraged to raise funds through various channels to support the development of women. In 2015, the "Entrepreneurship and Innovation Initiative" advocated by the All China Women's Federation hopes to attract more social funds and encourage and guide women to increase their entrepreneurial awareness and engage in entrepreneurial practices. In the first China Women's Entrepreneurship and Innovation Competition, the winning projects received investments from more than 30 venture capital institutions and more than 1 billion yuan of funds.

Youth Development

According to the 1% population sample survey in China in 2015, there were about 175 million youth aged 15 – 24 by the end of 2015, including 92. 6 million males and 82. 9 million females. Among them, the youth aged 15 – 19 accounted for 43%, including 40. 4 million males and 34. 8 million females, and the youth aged 20 – 24 accounted for 57%, including 52. 2 million males and 48. 1 million females. 58% of the youth population lived in urban areas. In 2015, the number of married youth aged 15 – 24 in China was about 20. 2 million, with a marriage rate of 11. 5%. The United Nations Population Division estimated that youth aged 15 – 24 will observe a downward trend, declining from 11. 8% of total Chinese population in 2020 to 11. 0% in 2040[①].

6. 1 Present situation of youth development in China

6. 1. 1 China's youth education level has steadily and continuously improved

The number of high school students dropped slightly from 40. 38 million in 2015 to 39. 35 million in 2018, but the level of participation in higher education has remained steady. Gross enrollment rates at the senior high

① United Nations, Department of Economic and Social Affairs, Population Division. World Population Prospects 2019 [R]. 2019.

school and higher education levels reached historic highs in 2018, at 88.8% and 48.1%, respectively[①].

The education gap between urban and rural youth is notable, especially in higher education. Although China's colleges and universities have implemented a number of preferential policies on college admission for rural students, from vocational colleges, ordinary undergraduate courses, "211" colleges and universities to "985" colleges and universities, with the rise of teaching quality, more and more students come from prefecture-level cities and above, while the proportion of students from towns and townships and rural areas presents a downward trend.

This difference in quantity reflects the qualitative gap in basic education for young people in the previous stage as shown by the fact that the average public budget education expenditures per student in ordinary rural junior high schools were lower than the national level. Rural youth therefore lag in education behind urban youth, and they face disadvantages of low levels of parental education, inadequate teaching resources, and unsupportive home environments. The uneven input of educational funds leads to the weakness of rural education and the imbalance of urban and rural education. However, because the growth rate of public budget expenditures on education in rural areas is lower than the national average level, the educational gap between urban and rural areas is likely to widen further in the future[②].

6.1.2 Sexual and reproductive health of Chinese youth

In recent years, the sexual behavior of Chinese youth have shown an obvious trend of higher incidence and lower age, which makes the unintended pregnancy of youth an unavoidable social problem. According to the China

① Ministry of Education of China. Educational Statistics Yearbook of China [M]. Beijing: China Statistics Press, 2018.

② Huang Xiaorun. An Analysis of the Causes of the Current Situation of Rural Education in China and its Countermeasures [J]. *Think Tank Era*, 2019(26): 250, 292.

Family Planning Association (CFPA), 20% of college students nationwide have had sex.[①] Another report from Peking University suggested that among girls aged 15 – 19 who have had abortions or repeated abortions, the earliest age of the first sexual behavior is 11 years old (see Fig. 6 – 1).[②] The rapid development of social media and mobile phone-based Apps in China has created convenient conditions for teenagers to have casual sexual behaviors. 13.42% of teenagers have engaged in sexual activities through social networking platform. The increase in unsafe sexual behaviors caused by casual sex dating among teenagers may lead to more unintended pregnancies.[③]

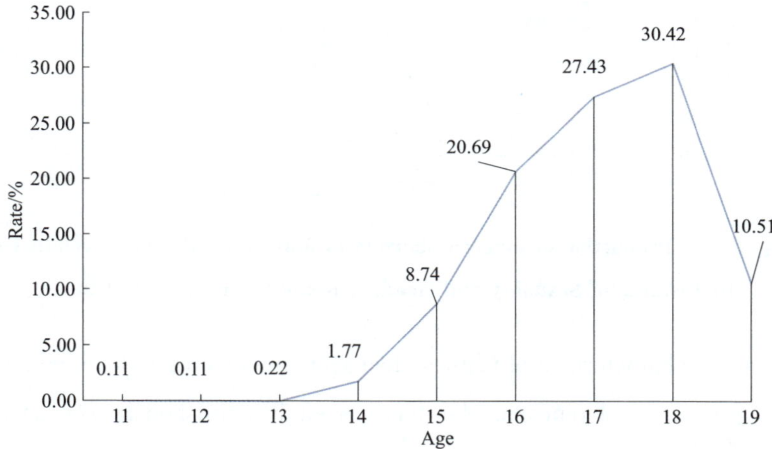

Fig. 6 – 1 Age Distribution of First Sexual Behavior among Girls Aged 15 – 19 with Abortion and Repeated Abortion Experiences

More than half of the 9 million to 13 million cases of induced abortion that can be detected in the public hospital system each year are among young women under the age of 25, according to the data released by the Chinese

① China Family Planning Association. Survey Report on Sexual and Reproductive Health of College Students in 2015 [R]. 2016.

② China Maternal and Child Health Association, School of Nursing, Peking University. Research Report on Repeated Induced Abortion in Chinese Adolescents Aged 15 – 19 [R]. 2018.

③ China Red Ribbon Network "Youth Go All Out" New Media Platform. A Survey Report on the Current Situation of Online Dating among Adolescents [R]. 2018.

government [①,②]. Asurvey by the Remin University of China found that the proportion of induced abortion among the Chinese women aged 18 – 61 has declined slightly in recent years, but the proportion of induced abortion among the group aged 18 – 29 has increased significantly (see Fig. 6 – 2)[③].

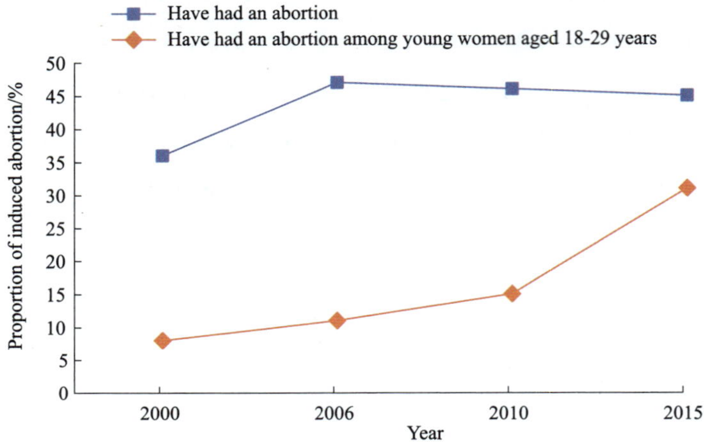

Fig. 6 – 2 Proportion of induced abortion in four national surveys conducted by Institute of Sexuality and Gender, Renmin University of China

A major characteristic of Chinese teenagers undergoing induced abortion is the high proportion of repeated abortions. A study published in *The Lancet* on the repeated abortions among Chinese youth aged 15 – 19 in selected hospitals in 2017 showed that 39% of teenage abortions were repeated abortions and 9% were third abortion. In comparison, youth from moderately developed regions and relatively poor regions, as well as out-of-school migrant youth, are at greater risk of having repeat abortions[④].

---

① Zhou Yi, Xiang Nan. There Are 13 Million Induced Abortions in China Every Year. The Problem of Low Age Is Prominent [N]. *China Youth Daily*. 2015 – 01 – 26

② National Health Council. Interpretation of the document "contraceptive service specification after induced abortion (2018)" [J]. *Chinese Journal of family planning*, 2018, 26(10): 892.

③ Institute of Sexuality and Gender at the Renmin University of China. A Random Sampling Survey on the "Chinese Sexuality of Total Population" [R]. 2016.

④ Liu J, Wu S, Xu J, et al. Repeat abortion in Chinese adolescents: a cross-sectional study in 30 provinces [J]. *The Lancet*, 2017, 390: S17.

There is also limited attention to STIs, contraception and unintended pregnancies among specific population subgroups, including migrant youth, left-behind children, and sexual minorities. Only a limited number of qualitative studies have revealed widespread and serious sexual and reproductive health problems among migrants[①].

HIV/AIDS and other sexually transmitted diseases are spreading among Chinese youth. From 2010 to 2017, the incidence of HIV/AIDS surged from 2 840 to 16 307[②]. It almost doubled from 2016 to 2017. Additionally, the burden of HIV/AIDS and other sexually transmitted diseases is increasing. The DALYs lost steadily increased from 0. 35% (2010) to 0. 48% (2017) for youth aged 15 – 19 and from 0. 65% (2010) to 0. 79% (2017) for youth aged 20 – 24. [③]

6. 1. 2. 1 Sexuality education has drawn more and more attention from the Government, although the overall coverage is still insufficient

The current state of adolescent sexuality education coverage is seriously inadequate (see Fig. 6 – 3). Less than 1/3 junior middle schools, senior middle schools and universities offer sexuality education. What's more, the content and quality of sexuality education cannot be guaranteed for the following reasons. Firstly, it is difficult to guarantee enough class hours for sexuality education. Even among students who reported that they had received sexuality education, the majority received less than 3 classes. Secondly, the content of sexuality education has a narrow scope. The sexuality education for middle school students is mostly limited to gender education and adolescence

① Wang Lei, Zhang Lei, Hu Chenghua, et al. Characteristics of Concept, Cognition and Behavior of Sexual and Reproductive Health of Unmarried Migrant Adolescents—A Qualitative Interview Study in Six Provinces of China [J]. *Journal of International Reproductive Health/Family Planning*, 2015, 1(1): 19 –22.

② Xin Hua News Agency. *HIV/AIDS is spreading among youth. What can we do?* [EB/OL]. [2018 – 11 – 30].

③ Seattle, United States: Institute for Health Metrics and Evaluation (IHME). Global Burden of Disease Study 2017 (GBD 2017) Results [R]. 2018.

hygiene education, while the sexuality education for college students is mainly sexual physiology education, which is not comprehensive enough①. Thirdly, from the state to the local, there is still a lack of textbooks that systematically reflect the concept of comprehensive sexuality education both at the national and local level ②. Moreover, there is a severe shortage of instructors who are well trained to offer the quality sexuality education in most schools in China. Without this important prerequisite, it is difficult to make sexuality education accessible to all in China.

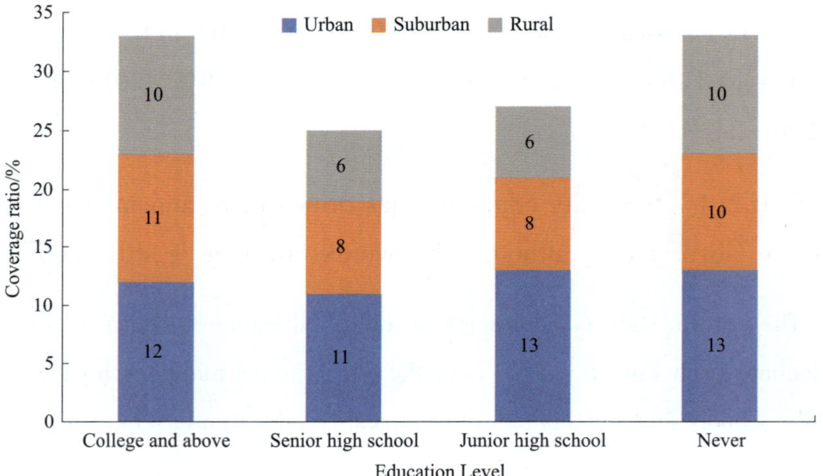

Fig. 6 – 3 Coverage ratio of sex education courses for school students in China

Data source: China Family Planning Assocation. Survey Report on Sexual and Reproductive Health of University Students (2015) [R]. 2016.

In this context, the level of youth sexual knowledge is not high. Nationwide, young people aged 14 – 17 do not have sufficient knowledge of basic physiological phenomena, contraception, and sexual diseases (see Fig.

---

① Zhang Wenjing, Ma Yinghua, Gao Disi, et al. Analysis of Sex Education Status and Influencing Factors of Sexual Behavior of College Students in Some Provinces and Cities in China [J]. *School Health, China*, 2018, 39(294): 20 – 23.

② Liu Wenli, Yuan Ying. Review of Sex Education Policy in Primary and Secondary Schools in China (1984 – 2016) [J]. *Education and Teaching Research*, 2017, 31(7): 44 – 55.

6 - 4). About 30% of college students still mistakenly believed that masturbation can lead to serious health problems and that extracorporeal ejaculation was effective in contraception. About 50% painless abortions are safer than other abortions①.

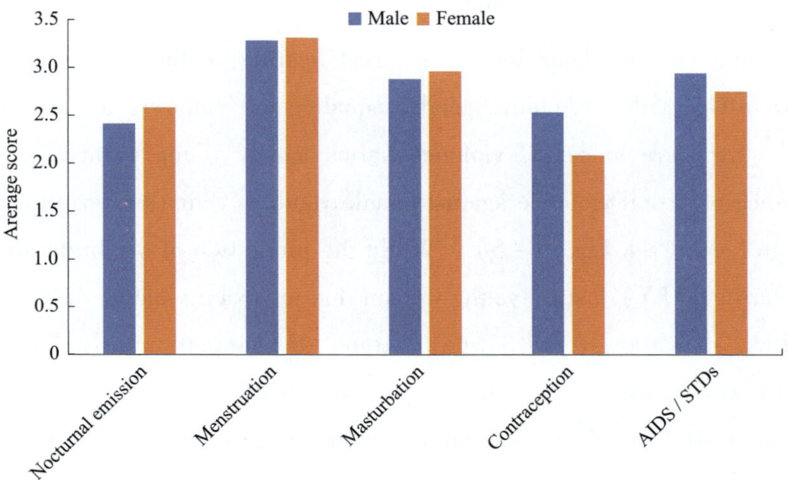

Fig. 6 - 4 Arerage score of sexual knowledge of young people aged 14 - 17 in China (Out of Five)

Source: Pan S M, Huang Y Y. An Empirical Analysis of the Effect of Sex Education in Chinese Teenagers aged 14 - 17 [J]. *China Youth Study*, 2011 (8): 5 - 9.

6.1.2.2 Youth-friendly services are available but with limited coverage

Youth-friendly services provide a set of comprehensive and reproductive health services for young people, but the number of youth friendly-services in China is limited with only a small number of pilots operated by NGOs and maternal health clinics. Many studies have pointed out that the contraceptive services for young and unmarried young people provided by family-planning

① Pan Suiming, Huang Yingying. An Empirical Analysis of the Effect of Sex Education on 14 - 17 - year - old Adolescents in China [J]. *China Youth Research*, 2011(8): 5 - 9.

services are highly deficient, therefore it failed to meet the contraceptive needs of sexually active unmarried people①,②,③. Due to the insufficient number of youth-friendly services, many young people with unmet SRH needs do not have the means to access subsidized and quality-assured services④.

6. 1. 2. 3 Sexual violence

Sexual violence behavior has a direct bearing on the realization of the UNSDGS Goal 5th: "Achieve gender equality and empower all women and girls". Exposure to sexual violence harms mostly young women, and the incidence of sexual violence against female youth in China is above the world average level (see Fig. 6 – 5). While the proportion of disability adjusted life years (DALY) lost by young women due to sexual violence in the whole world has shown an overall downward trend, the proportion of DALY lost by Chinese women has shown a slight upward trend.

From 2015 to 2017, the proportion of DALYs due to sexual violence among young women aged 15 – 24 in China increased slightly from 2. 95% to 2. 97% of all DALYs. The consequences of intimate partner violence are long-lasting and difficult to overcome.

6. 1. 3 Cyberbullying

The *Social Blue Book: Analysis and Forecast of Chinese Social Situation in 2019* released by the Chinese Academy of Social Sciences shows that nearly

---

① Zhang Weihong, Che Yan. Study on the intervention of family planning service after abortion in China [M]. Beijing: China Population Publishing House, 2017.

② Wang Hui, Liu Hongyan, Zhang Cuiling. Analysis of induced abortion and emergency contraception in unmarried youth [J]. *Population and Family Planning*, 2014(6): 30 – 31.

③ Tan Xiaoping, Fang Jing, Xiao Chuanhao, et al. Current situation and countermeasure of induced abortion and contraception in China under the background of United Nations Sustainable Development Goals (SDGs) [J]. *Chinese Journal of Family Planning*, 2019, 27(3): 276 – 280.

④ Guo Hua, Zhang Lei, Pang Lihua, et al. Puzzlement on Sexual and Reproductive Health Services for Unmarried Migrant Youth: Voices from both Supply and Demand Sides [J]. *Journal of International Reproductive Health/Family Planning*, 2015, 119(1): 13 – 18.

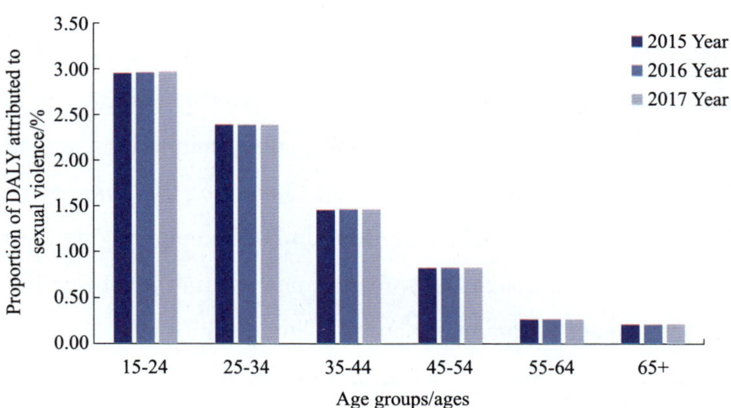

Fig. 6 –5 Proportion of DALYs lost by sexual violence among women of all ages in China

Source: Seattle, United States: Institute for Health Metrics and Evaluation (IHME). Global Burden of Disease Study 2017 (GBD 2017) Results [R]. 2018.

30% of young people have experienced cyber violence and abuse①. In addition to verbal abuse, other forms of cyber-violence include sexual harassment and soft pornography ②.

Cyber-violence based on gender and sexual orientation is also an important issue concerning youth development, including primarily cyber-violence targeted at young women. According to a report by the UN in 2015, young women between the ages of 18 and 24 are main victims of cyber-violence③ with the objects of cyber-sexual-harassment being mostly females. This pattern is confirmed by a study in China which showed that 71% of female college students reported to have been sexually harassed online,

① Li Peilin, Chen Guangjin, Zhang Yi, et al. Social Blue Book: Analysis and Prediction of China's Social Situation in 2019 [M]. Beijing: Social Science Literature Press, 2019.

② Soft Porn: Verbs That Do Not Directly Appear in Sexual Organs and Sexual Behaviors, But Are Full of Provocative, Seductive and Fantastical Contents.

③ UN Broadband Commission. Cyber Violence against Women and Girls: A World-wide Wake Up Call [R]. 2015.

compared to 29% of their male counterparts①.

In order to protect the rights and interests of teenagers and eliminate illegal and unhealthy information, China has passed a series of laws and regulations in recent years. For example, nine ministries, including the Ministry of Education, issued *Guidance on Combating Bullying and Violence among Primary and Middle School Students* in 2016, emphasizing the needs to avoid campus bullying through the spread of new media into online bullying②. In 2017, Cyberspace Administration of China issued the *Regulations on Network Protection of Minors* (Draft for Comments). The National Anti-Pornography and Anti-Illegal Publications Office has also developed a network security courseware for teenagers to learn about "rejecting Internet bullying" ③.

6.1.4 Youth political participation and leadership

China's youth are active in participating public affairs. The willingness to participate in politics has increased among the young people. The disagreement proportion, which the statement said "I am not interested in politics and do not want to devote my time and energy to it", was 49.1% in 2015, and increased to 55.3% in 2017, which shows on the contrary that young people are more willing to invest their time and energy in political participation④. The proportion of young people participating in social and public welfare-related activities has also increased. Among young people who have not participated in volunteering, the willingness to participate in volunteering has been strong and generally remained at between 60% and 70%.

① Ye Jiahui, Li Mengling, Jiang Jianping. Investigation and Analysis of the Current Situation of Sexual Harassment on the Internet [J]. *Health Medicine Research and Practice*, 2018, 15(1):18-25.

② The Ministry of Education of China, et al. Guidance The Xinhva News Agency on Prevention and Control of Bullying and Violence among Primary and Secondary School Students [R]. 2016.

③ The Xinhua News Agency. Protecting the seedlings during winter vacation: network security course courseware launched by national anti pornography and anti illegal activities office [EB/OL]. [2018-01-11].

④ Comprehensive Survey of Social Situation in China (CSS) sponsored by the Chinese Academy of Social Sciences.

Social networking has become a new channel for young people to participate in public life, which strengthens their voice and their ability to express their opinions freely. However, the direct participation of young people in public life through the National People's Congress at sub-national levels remains low, and young people account for an extremely low proportion of all the representatives, with those born after 1990 taking a proportion of only 0.07%.

More attention is also needed in the area of sexual and reproductive health and young citizens' engagement in China. At present, the social and voluntary activities of college students are mainly focusing on policy propaganda, practical activities and teaching in western education[①]. This issue is well illustrated by the experience of youth in the China Youth Network. The China Youth Network conducts peer education on sexual and reproductive health and advocates for sexual and reproductive health and rights for young people aged 10 – 24. It was established with the support of the China Family Planning Association and the United Nations Population Fund, and communicates with decision-makers and the project leadership team on adolescent sexual and reproductive health issues of their concerns. However their actual participation in decision-making has been limited[②].

6.2 Challenges to Youth Development in China

6.2.1 Unintended pregnancies

The reality of unintended pregnancies among teenagers in China is poorly understood. Although unintended pregnancies are usually terminated by teenagers via induced abortions, the number of registered teenagers who have

① Zhang Wenzhi. Study on the volunteering service of college students in the new age [D]. Changchun: Northeast Normal University, 2019.

② Zhao Deyu. Logic of policy-making: experience and explanation [M]. Shanghai: Shanghai People's Publishing House, 2010.

unintended pregnancies in regular medical institutions is much smaller than the actual number, and official statistics in China still do not reflect the true situation of unintended teen pregnancies. Moreover, with self-medicated abortions still a grey area of regulation, it has been difficult to ascertain the number of teenagers who buy abortion drugs online to perform abortions in private, currently leading to a serious lack of credible data for monitoring unintended pregnancies among teenagers in China.

At present, unmarried people of childbearing age in China currently experience minimal attention in national family-planning policy. The lack of relevant policies may result in high number of induced abortions and repeated abortion among unmarried young women in some extent.

Migrant youth may be especially susceptible to unintended pregnancies. China has a large migrant population, and among them, the 30 million youth migrant population has become a blind spot in SRH policy and service delivery. Previous work in family-planning focused primarily on the married women of childbearing age, and the needs of sexual and reproductive health services among migrant youth population has been neglected to a great extent. Migrant teenagers, especially young women, are facing many health problems such as unprotected sexual behaviour, unintended pregnancy, genital tract infection, and HIV infection[①].

The accessibility and availability of adolescent contraceptive services need to be strengthened. Many young people still rely heavily on the contraceptive methods with high failure rate, such as the coitus interruptus and the rhythm method. Inefficient selection of contraceptive methods is one of the important reasons for contraceptive failure. Although young people of childbearing age have a strong demand for contraceptives, they are still rarely

① Zhang Lei, Pang Lihua, Lei Lei, et al. Path design of supportive environment improvement for sexual and reproductive health of unmarried migrant youths in China [J]. *Population and Development*, 2016, 22(1): 49-59.

provided by free contraceptive services. There is a lack of an enabling environment for the provision of integrated SRH and family-planning services for youth, especially at the community level. Comprehensive counselling on adolescent sexual and reproductive health is not sufficiently accessible in China, with about 60% of adolescent sexual and reproductive health counselling needs not being met[①].

6.2.2 Obstacles to the policy and implementation of comprehensive sexual education and youth friendly services

The first policy obstacle is the lack of clarity and consistency in the definition of sexuality education and the lack of attention to the concept of "comprehensive sexuality education". Neither the *Outline for the Development of Chinese Children (2011 – 2020)* nor "*the Healthy China 2030*" *Planning Outline* , issued by the State Council, explicitly address the concept of comprehensive sexuality education, but refers to "sexual and reproductive health education" and "publicity and education on sexual morality, health and safety." In fact, the implementation of sexuality education in China is far from comprehensive. Comprehensive sexuality education covers the concepts of relationship, values, power, culture and sex, gender, violence, and security. Yet, at present, the content of sexuality education for youth in China is in general limited to gender education, adolescence education, and sex physiology[②,③].

The second obstacle is the gaps in policy implementation, which may be

① Zheng Xiaoying, Chen Gong, Han Youli, et al. Report on basic data of adolescent reproductive health accessibility survey in China [J]. *Population and Development*, 2010, 16(3): 2 – 16.

② Marie Stopes International & Research Center for Public Health, Tsinghua University Randomized Controlled Trial of Sexual and Reproductive Health Education Courses for Middle School Students (You and Me Partners) [R]. 2018.

③ Zhang Wenjing, Ma Yinghua, Gao Disi, et al. Analysis on the Current Situation of Sexual Education and Influencing Factors of Sexual Behavior of College Students in Some Provinces and Municipalities of China [J]. *Chinese Journal of School Health*, 2018, 39(6), 20 – 23.

due to a lack of resources. For example, although the Ministry of Education stipulates that sex education should be included in the framework of health education, and that 6 – 7 class hours should be arranged for each semester, with "Physical Education and Health" as the carrier course. However, in fact, there are few courses devoted to sex education, nor protected class hours. In addition to the subjective reason of the lack of attention to sexuality education, the objective reasons for this phenomenon include the over-emphasis on academic performance and the lack of a systematic teaching system including both uniform textbooks and professionally trained educators.

Very few descriptions of the current state of youth-friendly services can be found in official policy documents in China. The government only requests the establishment of adolescent clinics in tertiary and secondary maternal and child health-care institutions, but not in primary maternal and child health-care institutions, where youth-friendly services are needed the most.

6.2.3 Challenges remain in building the capacity of young citizens to participate in public life

There are a few youth leadership development projects in China. For example, in 2018, the United Nations Population Fund launched the Belt and Road Youth Leadership Project in Shanghai to build young people's capacity in leadership and youth health, and to deepen their understanding of global development issues[①]. In general, there are not many activities aimed at increasing the capacity of young citizens to participate in public life. In addition, empowering youth on sexual and reproductive health requires more attention.

---

① UNFPA. UNFPA launched "One Belt, One Road" Youth Leadership Program in Shanghai [R]. 2018.

6.3 Financing for youth development, particularly sexual and reproductive health in China

In China, a flagship project of adolescent sexual and reproductive health services is the Youth Health Project set up by the China Family Planning Association in cooperation with the UNFPA and other organizations and institutions at home and abroad. The project, implemented through the China Youth Network, aims to provide comprehensive sexual and reproductive health education for youth aged 10 – 24 in China. By 2019, the China Youth Network has grown into an important player in promoting adolescent participation in the field of adolescent sexual and reproductive health. By the end of 2018, the Youth Health Project had covered 31 provinces (autonomous regions municipalities) in China, with activities in more than 500 universities and more than 2 million university students participating in peer education and advocacy activities each year. More than 1 000 "youth health" clubs have been established throughout the country to provide the grass-roots young people with the sexual and reproductive health education, information, counselling and services①. In terms of funding, from 2014 to 2018, the provincial-level funding for youth health reached 41.071 million yuan, the prefecture-level funding reached 28.87 million yuan, and the county/district-level funding reached 61.451 million yuan, which supported the smooth implementation of the project.

International organizations such as WHO, UNFPA and Marie Stopes International have played an important role in the implementation of adolescent sexual and reproductive health programs in China. For example, the You and Me Healthy Youth Fund, a special public fund set up under the China Population Welfare Foundation initiated by the auspices of Marie Stopes

① Tian Xiaohang. China Family Planning Association's Youth Health Project Covers More than 500 Universities [EB/OL]. [2018-11-30].

International China, spent a total of 1 256 257.4 yuan in 2018, carrying out special projects such as "You & Me Actions: A Small Grant Project for 2018 Sex Education, Special Research on Young People's LARC (long-acting reversible contraceptive) and Young People's LARC Public Welfare Promotion Plan"①. Non-governmental organizations such as China Population Welfare Foundation, Guangdong Luya Rural Women Development Foundation, Yunnan Health and Development Research Association and other domestic NGOs also continue to pay attention to youth sexual and reproductive health. Social enterprises represented by Shenzhen Qingxing Cultural Development Co., Ltd. provide funds and project support for youth development from the perspective of sex education. With the joint efforts of international and domestic government agencies and non-governmental organizations, the funding and development of adolescent sexual and reproductive health projects show great development vitality.

---

① China Population Welfare Foundation. First, Second, Third and Fourth Quarterly Report of You & Me Youth Health Fund in 2018 [R]. 2018.

Leaving No One Behind

7.1 Issues of high relevance

Based on the evidence-based analysis in the previous chapters, and taking into account the possible changing national conditions of China in the next five years, the following issues are recommended as high priority issues. The groups affected under each issue are not balanced and that the special attention needs to be given to those most affected.

(1) Relative poverty and urban poor families. Although China is determined to eliminate absolute poverty by 2020, poverty reduction is a dynamic process, and a future attention should be paid to the rural families that are still close to the poverty line and at risk of returning to poverty. At the same time, the relative poor, including the urban poor, will gradually become the focus of poverty reduction. Narrowing the income gap and reducing the unfair distribution are more serious challenges. The proportion of elderly people in the poor population is relatively high. For example, according to the NBS household survey, in 2016, 4.29% of the older persons aged 60 and above had an expenditure level of below US $1.9 per day, while it was 3.63% for the people under 60. Aging will make the problem more prominent①.

(2) Population aging and large-scale population migration. The interactions

① Li Shi. Poverty of the Elderly in Rural China: Challenges and Opportunities [J]. *Social Governance Review*, 2019(6): 17-20.

between population aging and urbanization are among the prominent characteristics of the current population change in China, and consequently, elderly people face dual risks. As more young people choose to leave the countryside and enter the cities, more and more empty-nest elderly people remain in the countryside. The city's restrictions on the settlement of the migrant population make it difficult for the left behind children and the migrant children to grow up healthily. In addition, the aging of the population has also exacerbated the dependency problems of children 0 – 3 yearsold, which are difficult to address effectively in the short term as the average child-bearing age has increased and many urban families have both children and elderly parents to support at the same time①.

(3) Son preference and skewed sex ratio. It is still difficult to eliminate the social belief that men are more important than women. In some rural areas, the consequences of the serious imbalance in the sex ratio for more than 30 years have become increasingly prominent. The increasing practice of domestic violence against women also warns us that there is a long way to go to achieve true gender equality.

(4) Changes in contraceptive mix. Due to the relaxation of fertility policy, the use of long-term contraceptive methods decreased rapidly, while the use of short-term contraceptive methods with low effectiveness increased rapidly. It has also seen the increase of unwanted pregnancies as a result of the incorrect use of short-term contraceptive methods for the married women of childbearing age.

(5) Imbalanced regional development. There is still a large development gap between urban and rural areas, as well as different regions in China. Urban disposable income was 2.69 times that of rural areas in 2018. The disposable income of residents in Zhejiang Province was 2.62 times that of

① Yang Juhua. How to Promote the Availability of Childcare Service of Children under Age Three in the New Era [J]. *The Journal of Jiangsu Administration Institute*, 2019(1): 69 – 76.

Gansu Province. The gap between urban and rural areas in Gansu Province is even more significant with the urban – rural income ratio reaching 3. 40.

(6) The fragile dimension of disability. There are about 85 million disabled people in China with 15 million of them living below the national poverty line. The poor disabled accounts for more than 12% of all the impoverished.

7. 2 A great number of groups affected by these problems

(1) Elderly people — empty-nest elderly, the oldest-old and the disabled elderly. The number of empty-nest elderly families and the number of the oldest-old continue to increase. The demand for old-age service, especially the old-age care for the disabled and the mentally-disabled elderly, will become one of the important challenges for China.

(2) Children—left-behind children, migrant children and families of children aged 0 – 3. At present, China still has more than 6. 97 million left-behind children①, and more migrant children. There is a need to further improve the basic public-service system, increase health care, education, and legal protections for left-behind children and migrant children, and provide assistance to children in special needs②, rural left-behind children and others. The left-behind children especially lack the necessary sexual and reproductive health education and related support, with a lower awareness rate of sexual and reproductive health and weak self-protection. In addition, at present, the demand for childcare services of children aged 0 – 3 years in China is increasing constantly, while resources for childcare services are

① Data source: Ministry of Civil Affairs of the People's Republic of China, Data of rural left-behind children in 2018.

② State Council. Advice on Strengthening the Protection of Children in Difficulty [EB/OL]. [2019 – 12 – 1]. http: //www. gov. cn/zhengce/content/2016 – 06/16/content_ 5082800. htm.

seriously insufficient; therefore, it is an urgent task to increase the effective supply of childcare services.

(3) In the area of gender equality, the special attention needs to be given to two groups. 1) Those groups affected by imbalance in sex ratio. The phenomenon of female shortage and males outside of marriage that was brought up by the sex ratio imbalance is more prominent in some rural areas, which may lead to some abnormal behaviors and should be dealt with as soon as possible; 2) Women facing domestic violence. To protect women from domestic violence, there is a need to strengthen the implementation of relevant laws, and to raise awareness of women's rights and establish a social-support system against domestic violence.

(4) Migrant population. Free service accessibility for the migrant population is insufficient, and the services do not meet the demand. Although the proportion of migrant women whose childbirth expenses were reimbursed increased between 2006 and 2013, more than 40% of migrant women were responsible for the full childbirth expenses themselves (see Fig. 7 – 1). The migrant population has a low level of education, and their level of literacy and health care awareness needs to be improved. Therefore, it is necessary to further improve free services, lower the threshold, simplify procedures, ensure quantity and quality, reduce the difficulty of acquisition, and provide migrant populations with services matching their needs.

(5) Disabled people. The sexual needs of the disabled are ignored and their rights to sexual and reproductive health are not guaranteed. Lack of sexual knowledge makes disabled youth more vulnerable to sexual assault, with a high probability of sexual and reproductive health problems being the main result of sexual assault cases. More than one-fifth of rape cases dealt with in some domestic courts concern persons with intellectual disabilities①.

---

① Wan Xing, Yu Xiaoming. Research Advances on Sexual and Reproductive Health of Young People with Disabilities at Home and Abroad [J]. Chinese Journal of Human Sexuality, 2016, 25(1): 126 – 129.

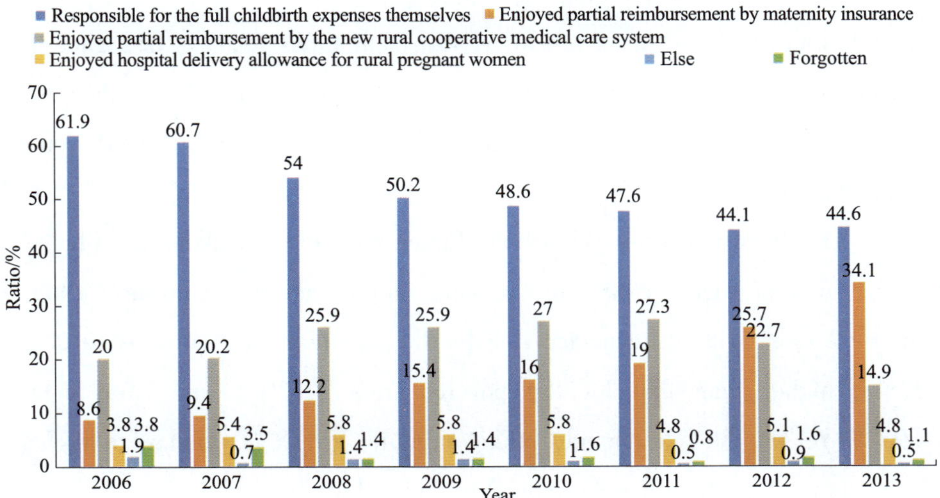

Fig. 7 –1 Composition of reimbursement of childbirth expenses (2006 –2013)

Source: Song Yueping. Care for this while lose that: The dilemma during the growth of migrants' children in China [M]. Beijing Social Sciences Academic Press, 2018: 164.

Therefore, laws and regulations guaranteeing the rights of the disabled would need to be improved urgently, and an accessible support system should be established urgently. At the same time, it is necessary to step up publicity, enhance social awareness of the rights of the disabled, and create a social environment that fully respects the disabled.

(6) Rural population. The rural population lacks sexual and reproductive knowledge compared to their urban counterparts. The large number of males who remain single in rural areas, to some extent, mainly due to the imbalanced sex ratio. The fact that some rural men cannot find their partners should be addressed since it may cause some instabilities and inharmony for the society as a whole.

(7) The out-of-school youth populations. It is difficult for people who have not received education or who drop out of school to receive sexuality education. In fact, differences have been observed in the implementation of sexuality education between young people in school and out of school, since

there are no policies and implementation of sexuality education for out-of-school youths. The out-of-school youth populations cannot be ignored. According to the Population Status of Adolescenes in China in 2015, there are around 19 million young people aged 10 – 19 the out-of-school youth populations①.

(8) Ethnic minorities population. Ethnic minorities population face higher sexual and reproductive risks. On one hand, ethnic minority youth have a high marriage rate, with its marriage rate for the age of 19 reaching as high as 15%, higher than that for the poverty areas (11%) and rural areas (9.8%); On the other hand, ethnic minority girls tend to have a higher pregnancy rate, which may be related to their ethnic traditions. It is therefore necessary to provide more sexuality and reproductive health education among ethnic minorities so as to raise their awareness of and reduce their risky behaviors, and to enable them to seek assistance and services if needed. In addition, there is incomplete coverage of sexual and reproductive services among ethnic minorities. Compared with Han women, minority women are less likely to use prenatal care services or to give birth in a health care facility, and minority children are also less likely to receive immunization than Han children. The maternal mortality risk of minority women was 2.16 times that of Han women, and the neonatal mortality risk, infant mortality risk, and child mortality risk of ethnic minorities were 1.45, 1.68, and 2.02 times, that of the Han nationality respectively②. This might in part be attributed to the fact that minority women and children may have a low awareness of sexual and reproductive health services, and in part to the fact that sexual and reproductive health institutions in minority areas may be inadequate to meet

① United Nations Children's Fund, United Nations Population Fund. Population Statas of Adolescents in China in 2015: Facts and Data [R]. Beijing: United Nations Children's Fund, 2018.

② Huang Y, Shallcross D, Pi L, et al. Ethnicity and maternal and child health outcomes and service coverage in western China: a systematic review and meta-analysis [J]. *The Lancet Global Health*, 2017: S2214109X1730445X.

the needs of the local population for reasons of high costs, limited range of services provided, and limited number of such services. Therefore, it is necessary to strengthen the service capacity of local reproductive health care institutions in ethnic minority gathering areas, and establish more local service institutions. For the ethnic minorities themselves, the health education should be promoted to raise their self-protection awareness.

(9) LGBT young people. Sexual minority young people are more likely to suffer from cyberbullying because of their sexual orientation or identity. Research on young LGBT groups in mainland China is scarce. To reduce cyberbullying, social networks for LGBT people have been established. Surprisingly, cyberbullying is exacerbated by these online platforms intended to reduce bullying and discrimination.

(10) Young men who have sex with men (MSM). Due to lack of comprehensive sexual education in China, young people's sexual and reproductive health knowledge gained from online media is often incomplete and misleading. Even equipped with some sexual and reproductive health knowledge, young men who have sex with men still have difficulties in translating knowledge into behavior change. The gay social networking app with GPS greatly facilitates making friends. The rapidly increasing incidence of HIV/AIDS among the youth MSM population poses a challenge to HIV/AIDS incidence for all genders, since the traditional social norms, family prejudices against sexual minorities, and lack of legal recognition of gay marriages force some young MSM into heterosexual marriage. The wives of MSM are more likely to get infected with HIV from their husbands①.

It is noteworthy that left-behind groups tend to be intersectional and this intersectionality will reinforce vulnerability, which pushes the left-behind group to even more marginalized positions.

---

① Li Xiufang, Zhang Beichuan, Wang Juan, et al. Sexual health status of women who have regular sexual relations with men who have sex with men in mainland China [J]. *BMC Public Health*, 2017, 17(1): 168.

South–South Cooperation

8.1 Current situation of South-South cooperation

China has actively promoted North-South cooperation and South-South cooperation in the field of population and development. China has actively implemented the pragmatic cooperation initiatives announced during major international conferences such as the 70th anniversary of the founding of the United Nations, the Johannesburg Summit of the Forum on China Africa cooperation, and the series of high-level meetings of the 71st UN General Assembly, providing support for developing countries in their efforts to achieve the Millennium Development Goals (MDGs) and the Sustainable Development Goals (SDGs). Since 1 January 2015, China has formally implemented the measures to grant zero tariff treatment to 97% of the products of the least-developed countries that have established diplomatic relations with China. China announced six times in a row the unconditional cancellation of debt of the heavily-indebted poor countries and the least-developed countries to China's interest-free government loans due, totaling 30 billion yuan. In 2016, the Chinese government assisted in the implementation of nearly 250 projects of engineering and materials, and sent about 5 000 foreign aid experts including management technicians, medical team members and volunteers, benefiting 156 countries, regions and international organizations ①. The G20 Summit in

① Ministry of Foreign Affairs, the People's Republic of China. China's Progress Report on Implementation of the 2030 Agenda for Sustainable Development [R]. 2017.

Hangzhou was announced for the first time to put the issue of development in the global macroeconomic policy framework through the successful implementation of the *Action Plan of The Group of Twenty in for the Implementation of the 2030 Agenda for Sustainable Development.* Driving force: Hold round table of South-South cooperation and Symposium on sustainable development goals at the United Nations headquarters in New York to promote the implementation of global partnership on *sustainable development agenda*; participate in the first round of voluntary country presentations of the United Nations, promote the construction of innovative demonstration areas on *sustainable development agenda*, contribute Chinese wisdom to the global implementation of *sustainable development agenda*, and propose Chinese programs.

China actively share experiences in poverty reduction and deepen international cooperation in this regard. Give full play to the role of China International Poverty Alleviation center and other international poverty reduction experience exchange platforms, and actively share China's poverty reduction ideas and experiences through mechanisms such as "high level Forum on poverty reduction and development", "China ASEAN forum on social development and poverty reduction", "China Africa poverty reduction and Development Conference" and "China Africa high level dialogue and think tank Forum on poverty reduction and development" within the framework of China Africa Cooperation Forum. By the end of 2016, we had shared China's poverty reduction experience with more than 2 500 poverty alleviation workers from more than 100 countries. At the same time, we have jointly built poverty reduction cooperation demonstration points with Tanzania, Laos, Cambodia, Myanmar and other countries, and deepened practical cooperation.

We will strengthen international cooperation in education and promote the development of education in other developing countries. China has implemented Education Action Plan for the Belt and Road, providing 10 thousand new places of government scholarships each year. China has established 30 Chinese cultural centers, of which 11 were established in the Belt and Road countries, and a number of Confucius Institutes have been established by the end of 2016. China has forged agreements with 47 countries on mutual recognition of qualifications and academic degrees in higher education, of which 25 were Belt and Road countries and regions as of May 2017. In 2016, the number of overseas students from developing countries who enjoy Chinese government scholarships in China reached 37 202, an increase of nearly 20% year on year. At the same time, China has also provided academic degree education opportunities for other developing countries, e. g. vocational training, information and communication technology, engineering, science and other fields. It has also provided various short – term education and training program, and made positive contributions to the capacity – building of education development in other developing countries.

In Conjunction Combining with the mandate work fields of China Population and Development Research Center and UNFPA, the following focuses on South-South Cooperation in related fields.

8. 1. 1 Population and development/women's development: Developing SSC platforms

China's foreign aid and international cooperation have a long history. In recent years, with the continuous development of China's social economy, international interest to China's development experience is growing. China has also increased its support for South- South cooperation. China have been developing a series of major initiatives. Under such a background, China's international and South-South cooperation ushered in new development in the fields of population and development, health and women's development.

The establishment of the Population and Development South-South Cooperation Center of Excellence (PDSSC) by National Health and Commission and United Nations Population Fund in May 2017 was a milestone event. Over the past few years, PDSSC has gradually developed into an important platform for China to organize international and South-South cooperation on population and development, and is building two flagship activities. The first activity is the China-Africa Conference on Population and Development: the first conference of the series was conducted in 2017 in Kenya, the second conference in 2018 in China, the third conference in 2019 in Ghana, and the fourth conference in 2020 in China. The second activity is a training workshop on population data collection, analysis, and utilization: the first workshop was in 2018 and the second will be in October of 2019. Should these two flagship activities be continued, there is potential for PDSSC to assume a bigger role in China's global and South-South cooperation on population and development.

The Research Alliance of "One Belt, One Road Population and Development", launched by the Chinese Population Development Research Center, Peking University Population Research Institute and the United Nations Population Fund representative office in China, is another important platform for South-South cooperation. The first Asian Conference on population and development of developing countries was held in 2018. Inspired by the success of this conference, the research alliance was established in 2019 during the second Asian Conference on population and development of developing countries. At present, it has seven members—Bangladesh, Thailand, Vietnam, China, Sri Lanka, India, Pakistan, which are major partners in foreign cooperation, which highly consistent with the main direction of China's foreign cooperation. The main activities currently hosted by the Alliance are the annual "Conference on Population and Development in Asian Developing Countries". If more substantive activities can be carried out, it will also play a greater role.

Data so far has been among the subjects of South-South cooperation (SSC) on population and development with most initiatives. This is not only because data is an important component of China's demographic dividend experiences, but also because China has a complete data chain to share that involves data collection, projection, analysis, dissemination, and supporting planning/policy formulation, thus functioning as a good example of reference and mutual learning. China has done a number of SSC initiatives related to building population data on the above mentioned SSC platforms.

China has constantly expanded its areas of international cooperation to actively promote women development in terms of health, education, economic growth, poverty reduction, environment, etc. Since China had its 18th Party Congress, greater investment has been made to conduct women development projects and support women in developing countries in their efforts for poverty reduction, employment and enhancement of living standard. China has made in four consecutive years donations to the UN Women as support for the UN efforts to promote gender equality and women development①. To implement the commitment to assist women in developing countries from 2015 to 2020, we will help developing countries implement 100 "happy campus projects" and 100 "maternal and child health projects", invite 30 000 women to China for training, and train 100 000 female vocational and technical personnel locally. In 13 countries, Sino-foregn Women Training and communication Centers, are set up to provide small amount of assistance to the "One Belt, One Road" countrys, to help local women improve their production and living conditions and strengthen their capacity building. Since 2015, the ACWF has trained more than 2 000 women backbones for 98 countries.

8.1.2 Health

In recent years, China has continued to promote global health cooperation, including international cooperation in the field of sexual and reproductive health, to help other developing countries increase their resilience to health risks. China has conducted extensive international cooperation with the African Union, ASEAN, Pacific island countries and

① State Council Information Office of the People's Republic of China. Equality, Development and Sharing: Progress of Women's Cause in 70 Years Since New China's Founding. 2019.

countries along the Belt and Road.

In terms of specific projects, Chinese President Xi Jinping announced at the Global women's summit in September 2015 that China would help developing countries implement 100 Maternal and Child Health Projects in the next five years and dispatch teams of medical experts to conduct medical visits. The project is of great significance for improving sexual and reproductive health in developing countries. The 100 Maternal and Child Health Projects will be carried out within the framework of China's new health development assistance system. The project, which supports both effective interventions and the necessary conditions for intervention, is of universal applicability in sub-Saharan African countries. Recipient countries can select the right mix of content according to their actual needs and capacities.

South-South cooperation projects in the field of sexual and reproductive health are mainly carried out by the National Health Commission and the Chinese Family Planning Association, but no special funds are available for South-South cooperation in the field of sexual and reproductive health.

8. 1. 3 Youth development

Cooperation between China and other developing countries to strengthen youth exchanges, cultivate youth leadership, and promote youth development. *The joint communique of the Second Round-table of the Second Belt and Road Forum for International Cooperation* and *the Five-Year Plan of Action on Lancang-Mekong Cooperation (2018 – 2022)* both set out the need to promote youth exchanges[①,②]. The China-Africa Youth Exchange Program on Poverty Reduction and Development (2016) were initiated to build a friendly bridge for China-Africa youth cooperation in the field of international development,

① Xinhua News Agency. The Initiative of Second Belt and Road Forum for International Cooperation Round-table Summit [EB/OL]. [2019 -4 -27].

② Ministry of Foreign Affairs of the People's Republic of China. Lancang-Mekong Cooperation: Plan of Action 2018 -2022. 2018.

strengthen the exchange of experiences between China and Africa youth on international development cooperation, train young leaders, enhance Africa's status and role in international affairs, and build a consensus on win-win cooperation and common development between China and Africa[①]. Empowering African youth in all areas. The first was, entrepreneurship and innovation: Under the China-Africa Science and Technology Partnership Program 2.0, China implemented the International Youth Innovation and Entrepreneurship Program (known as the Vine Program) and organized the China InnoTour for African Young Scientists (in May 2019, 18 African countries, including Egypt, South Africa, Kenya, Ethiopia, Tanzania, Nigeria, and others)[②]. The second was agriculture: in order to train young leaders in agricultural research and farmers to become rich, China has sent 500 senior agricultural experts to Africa to teach and disseminate practical agricultural technologies and promote international exchanges and cooperation in revitalizing rural areas. The third was vocational skills training: China proposed in the "Eight Actions" of the Forum on China – Africa Cooperation (FOCAC), Beijing Summit (2018) to build 10 Luban workshops. The successful experience of Luban workshops stems from the collaboration between China and Thailand. The first oversea Luban workshop was established in Thailand by Tianjin Bohai Vocational and Technical College. In 2018, Luban workshops were estalblished in India. The Luban workshops were established to train young professionals and serve local economic development along the Belt and Road countries[③]. The fourth was, leadership training: It is proposed in the "Eight Actions" of the FOCAC, Beijing Summit (2018) to implement the

---

① China Development Gateway. The first China-Africa Youth Poverty Reduction and Development Exchange Project Opened in Haikou [EB/OL]. [2016 – 12 – 19].

② Ministry of Science and Technology of the People's Republic of China. "African Young Scientists and Technicians Innovate in China" in Beijing [EB/OL]. [2019 – 5 – 21].

③ Xinhua News Agency. *Luban Workshops in China and "One Belt, One Road" Vocational Education* [EB/OL]. [2019 – 8 – 13]

Leader Goose plan, training 1 000 elite talents for Africa; from 2019 to 2021, 50 000 Chinese government scholarships will be provided for Africa, 50 000 training places will be provided for Africa, and 2 000 young Africans will be invited to China for exchanges①.

In addition, China has cooperated with other developing countries to promote the sexual and reproductive health of young people through such initiatives as:

(1) China-Mongolia South-South Cooperation: In 2017, China and Mongolia launched a "Youth Health Summer Camp" with the goal of enhancing friendship between Chinese and Mongolian young people, promoting reproductive health awareness among young people and reducing the incidence of STDs and AIDS②.

(2) China-Cambodia Cooperation: in June 2018, the Belt and Road China-Cambodia Friendship Youth Health Training Camp was launched in Cambodia③.

(3) China-Africa Cooperation: Under the *China-Africa Non-Governmental Friendship and Cooperation Plan (2018 – 2020)*, the China Family Planning Association will be responsible for the "China-Africa Partnership for Love" project and fund two to five countries for adolescent reproductive health, AIDS prevention and treatment, and maternal health projects④.

---

① Ministry of Commerce of the People's Republic of China. "*Eight Actions" at the Beijing Summit of the Forum on China – Africa Cooperation* [EB/OL]. [2019 – 9 – 19].

② China Family Planning Association. *China and Mongolia Launched A Youth Health Summer Camp in Inner Mongolia* [EB/OL]. [2017 – 9 – 4].

③ China Family Planning Association. *The Belt and Road— China-Cambodia Friendship Youth Health Training Camp launched in Cambodia* [EB/OL]. [2018 – 7 – 2].

④ People's Daily Online. *The China-Africa Partnership Program (2018 – 2020) Was Released* [EB/OL]. [2018 – 7 – 24].

8. 2 Challenges and opportunities for south-south collaboration

At the international level, peace and development remain the theme of the times, with countries increasingly interconnected and interdependent, and a growing sense of solidarity in a community of shared human destinies. With the rising of anew round of scierotit and technologiod revolution and indaitrid transformatior a larg number of leadly and subversive technologies, tools and materials have emevged to promote the develol of new economy and, upgradiy of traditilni industries North-South cooperation and South-South cooperation have entered a new phase. The global governance system needs to be improved, and the representation and voice of developing countries need to be further enhanced.

Given such changing contexts, challenges facing China's SSC are seen in both operationalization and implementation:

(1) Under the background where China increases its support and investment in international and South-South cooperation, how to more greatly position population and development issues into China's global and SSC agenda.

(2) How to strengthen the top-level design of South-South cooperation in the field of population and development and increase the systematicness of related activities.

(3) How to enhance the understanding of international population and development trends, deepen the understanding of population and development status of developing countries, and further clarify the priority issues of South-South cooperation.

(4) How to find suitable South-South cooperation partner countries, so that China's experience in population and development, reproductive health and gender equality can better match the national conditions and development

strategies of partner countries.

(5) How to find competent technical support institutions to provide high-quality technical support for South-South cooperation related activities, so as to ensure that cooperation can produce expected output and benefit the people of recipient countries.

Recommendations

China is becoming richer and stronger with rapid changes in society. In light of UNFPA 's work and China Population and Development Research Center's prospect, the cooperation should be strengthened.

9.1 Support China in addressing unfinished and new emerging issues in development

The cooperation should be strengthened to carry out policy research and dialogue. Considering the imbalanced development, Particular attention should be paid to the relatively underdeveloped areas and disadvantaged population in terms of research and policy intervention.

9.1.1 Population and development

In the area of population and development, the disaggregated data collection and analysis should be strengthened, so as to better understand current and future demographic trends and address emerging issues in population and development.

Data analysis, situation judgment and policy innovation should be used to address China's increasingly complex demographic dynamics. China's population is in a transition period from positive to negative growth and its population policy faces decisions of whether and how to adjust. Still in dispute are policy choices, the judgment on population trends, and the economic and social consequences of population transition. The seventh national population census in 2020 is expected to provide a more widely-agreed-upon evidence base for demographic analysis, making it easier to reach a social consensus on population policy. The United Nations Population Fund has incomparable advantages in data mining and application, and has a long-term collaboration with China. In the next five years, the United Nations Population Fund may, through technical supports, improve the scientific and normative nature of the census; provide full access to expert resources and third-party assessment; conduct research on population and policy needs; and provide intellectual support for China's population decision-making.

Actively respond to the aging of the population and jointly expanding new areas of cooperation. An aging society is a brand-new concept for the world, and even the developed countries are exploring it. The United Nations Population Fund and China have collaborated over the long-term on responses to population aging, particularly in promoting the establishment of strong systems for old-age service and social security. As China's trend in population aging accelerates, there arise more new challenges to address. China will further strengthen top-level design, implement medium- and long-term development plans to cope with the population aging, and work with UNFPA on establishing a long-term-care system, combining medical care and support, fostering a silver-haired industry, and developing areas such as labor-force substitution and enhancement technology, health technology for the elderly, and auxiliary technology. CPDRC is expected to strenythen data collection and research on aging, and play more mportant roles in aginy policy makiny.

Promote the integration of urban and rural development and turn from urbanization to urban-rural integration. The proportion of the urban population in China is close to 60%, and it has become a typical urban society. In the next five years, China's population movement will still be mainly rural-to-urban, but gradually tends toward urban-rural equilibrium. At the micro level, more attention should be paid to the two-way flow of urban and rural populations, social integration of migrant populations, improvement of the social governance system, realization of governance and social regulation, and residents' autonomy. On the macro level, more attention should be paid to improving urban functions, optimizing the urban layout through the construction of urban agglomerations, small and medium-sized cities, and small towns, and striving to create cities that are harmonious, livable, and unique.

Help improve China's national population data system and strengthen the collection of disaggregated data. High-quality disaggregated data can help identify the population groups left behind, support universal access to public services, particularly sexual and reproductive health services (including in humanitarian crisis), and achieve the Sustainable Development Goals. Specifically, support may include:

(1) Collecting population data, including the population data in the humanitarian environment.

(2) Identifying and addressing data gaps related to the indicators of the Sustainable Development Goals and the *Programme of Action of the International Conference on Population and Development*, by consolidating and triangulating data.

(3) Conducting innovative data collection, consolidation and analysis, including the use of "big data".

9.1.2 Sexual and reproductive health

Improve the utilization of comprehensive and reproductive health services in the field of sexual and reproductive health.

9.1.2.1 Capacity building

(1) Conduct training courses on protecting the rights of sex and reproductive health service personnel, and improve the rights awareness of relevant employees and their rights protection capacity in the service process.

(2) Strengthen the capacity building of health workers, in particular midwives, to provide quality and integrated sexual and reproductive health

services (including in humanitarian environments).

(3) Strengthen the monitoring and forecasting the needs, procurement and distribution of sexual and reproductive health products.

9.1.2.2 System construction

(1) Advocate to improve family-planning policies and projects.

(2) Respond to the situation where individuals, particularly youths, pay a higher share of their sexual and reproductive health expenses, and advocate to establish a stable financing mechanism to increase the reimbursement level of sexual and reproductive health expenses.

(3) Under its advocacy for Universal Health Coverage policy, UNFPA may consider introducing China to global practices of sexual and reproductive health financing and helping China establish a sexual and reproductive health financial mechanism.

(4) Support the full participation of NGOs, especially the women and youth, in the development, review, and monitoring of national health plans.

9.1.3 Gender equality

In the area of gender equality and women development, provide continual support to create a social climate for improving gender equality, with a focus on eliminating domestic violence against women.

(1) Continuously improve the social atmosphere of gender equality. Son preference is a traditional concept, that requires long-term efforts to change. It is recommended to cooperate with relevant government departments, social organizations, media institutions, especially news media, etc.. On the one hand, to promote the formulation of cultural and media policies with gender awareness, to innovate the publicity methods of the concept of gender equality, and to gradually eliminate prejudice, discrimination and social concepts that belittle women; On the other hand, pilot actions should be carried out at the community level to explore the establishment of a multi-party social support system against domestic violence and protect women from

domestic violence.

(2) Promote equal pay for equal work for men and women. The elimination of employment discrimination is a global conundrum, and it is suggested that the United Nations Population Fund, in cooperation with relevant industry management departments or associations, support research on the remuneration assessment system, carry out remuneration assessment pilots, and help establish and improve a scientific wage and income distribution system to ensure equal pay for equal work for both men and women.

(3) Promote work-family balance. The system that helps workers balance work-family relations should guarantee services such as leave, allowance, and the compensation of enterprises. Chinese women have a high labor participation rate, while also taking on heavy housework, so it is particularly urgent for them to have a work-family balance.

9.1.4 Youth development

In the area of youth development, support the development and improvement of appropriate norms and management systems on reproductive health services for youth, improve the accessibility and quality of youth-friendly services, and safeguard the reproductive health rights of youth.

Vigorously expanding and strengthening youth-friendly services will help address unmet needs for contraceptive services, and will promote free family-planning services to cover all unmarried young people. It is recommended that organizations specializing in youth-health services be established and national guidelines and a framework for high-quality youth-friendly reproductive health services be developed. Special attention should be provide youth-friendly sexual and reproductive health services tailored to the needs of for vulnerable groups such as migrant youth, left-behind children, minority youth, and sexual minorities. Unmarried youth should also benefit from free family-planning services and have equal access to clear information on the accessibility and reliability of abortion services.

Carry out innovative social-media activities to provide culturally sensitive, scientific, and correct sexual and reproductive health information. Advocate for the evidence-and rights-based youth policies and programs and greater investment in adolescents, and for the empowerment of adolescents to make their own decisions and advocate for their own sexual and reproductive health and rights.

Strengthen the promotion and implementation of comprehensive sexuality education (CSE). The role of comprehensive sexual education programs in promoting safe sexual behaviors has been recognized as significant. These programs should be incorporated into national policies to develop institutions' capacity to conduct and to implement comprehensive sexual education across the country so as to enable Chinese youth to make more informed and responsible decisions on their sexual health.

Effective prevention and resolution of sexual violence against youth. It is necessary to protect the cyber-security and equality of youth, take preventive measures, strengthen their self-protection awareness, enable them to effectively carry out self-protection against violence, establish channels to provide counseling and assistance to victims, and provide effective and compassionate support and services to mitigate further physical and psychological damage from trauma caused by sexual violence.

Intensify efforts to curb and prevent sexually transmitted infections, sexually transmitted diseases, and AIDS among young men, especially MSM. It is suggested that UNFPA introduce best cases and policy practices in China to reduce the number of young men, especially MSM, and advocate for new policy practices. For example, in China, we advocate new policy practices to control the spread of AIDS, such as PrEP to control the spread of AIDS in China. It is essential to promote the effectiveness of youth AIDS programs and other STI-related interventions.

9.2 International and South-South Cooperation

China has developed into the world's second largest economy in about four decades, throughout which, China has completed its demographic transition and has taken many policy measures in responding to the challenges encountered. Chinese experiences of population and development have special implications for other countries that are undergoing or will experience demographic transitions in the future.

We will consider the comparative advantages of UNFPA's cooperation with government, non-governmental institutions over the past four decades in China and its experience in international and South-South cooperation, in combination with the existing research and cooperation platform of China population and Development Research Center. The following referential suggestions are provided:

(1) In terms of SSC content, the demographic dividend should be used as the entry point to systematically analyze the Chinese experiences of poverty alleviation, population and development, health (especially sexual and reproductive health, including family planning), gender equality, education, employment, supporting planning and policy-making with evidence, among others, in order to support global and South-South Cooperation. It should be highlighted that many of China's policy measures are rooted in the Chinese contexts, systems, culture, etc., and therefore, studies about Chinese experiences must go beyond factual descriptions and explore the facilitating factors.

(2) In terms of SSC mechanisms, efforts should be made to develop global and South-South Cooperation platforms in order to promote mutual understanding and collaboration. Domestically, full play should be given to the role of PDSSC in organizing SSC on population and development, which in turn will mobilize domestic institutions to participate widely and to back up

multidisciplinary studies with the joint force of China's demographic sector. Internationally, efforts should be made to explore the role of relevant international agencies such as UNFPA, which can bring its global network and relevant expertise to improve the level of China's SSC through trilateral arrangement. Furthermore, China's SSC initiatives should prioritize capacity-building and knowledge transfer and work towards developing regular cooperation mechanisms, such as the China-Africa Conference on Population and Development, training workshops (short-term as well as diploma, certificate and degree training), and study visits.

(3) Efforts should also be made to explore the potentials of the newly-established China International Development Cooperation Agency (CIDCA). China has tried to deploy new thinking since CIDCA's inception and such a process is ongoing and changing rapidly, and UNFPA China is urged to work closely with its counterparts to watch out opportunities and discuss potential collaboration with recipient countries.

China still faces many unfinished agenda and emerging issues in the international and South-South Cooperation initiatives by UNFPA. Therefore, the same weight should be given to these contents, including introduction of the experiences of advanced countries to China, and the pilot reform or capacity building for promoting the development of relevant fields in China. Based on previous analysis, the issues for further discussions may include:

(1) The experiences and lessons of advanced countries on addressing aging of populations, such as the silver-age industry in Japan and long-term care in Germany.

(2) Some countries' experience in promoting gender equality, such as Sweden's equal pay for equal work, work-family balance policy, etc.

(3) The laws on population development of major urban agglomerations in the world, such as Tokyo, London, and New York in developed countries, and Mexico and Rio de Janeiro.

(4) Introducing experiences in some countries about sexuality education and providing youth-friendly services.